JN051588

Takahiro KATAGIRI
片桐孝洋
［著］

並列プログラミングのツボ

Catch the Main Points of Parallel Programming:

From Numerical Calculation to Machine Learning

数値計算から機械学習まで

東京大学出版会

Catch the Main Points of Parallel Programming:

From Numerical Calculation to Machine Learning

Takahiro KATAGIRI

University of Tokyo Press, 2024

ISBN978-4-13-062465-7

はじめに

　本書は、拙著の先行出版『スパコンプログラミング入門：並列処理と MPI の学習』（2013 年 3 月 12 日刊行）、および、『並列プログラミング入門：サンプルプログラムで学ぶ OpenMP と OpenACC』（2015 年 5 月 25 日刊行）を読む前の読者（主に学部高学年〜大学院生と並列処理の初心者エンジニア）を対象にしています。ただし、C 言語の基礎を知っている（学んでいる）ことは前提としています。並列プログラミングの初等レベルで、わかりやすい解説・演習書を目指して執筆しました。本書により、スパコンや高性能分野 (High Performance Computing) へ進む人の門戸が広がることを期待しています。

　本書執筆の動機の 1 つは、知り合いの教員の方から、MPI の並列化は重要だが、実際、データ分散をどう実装してよいかわからないと学生が言っているが、よい書籍はないだろうか？　という要望を受けたことでした。

　加えて上記の 2 書籍の読者から、「入門書だが難しい」というご意見や、「実際どうやって並列化するかわからない」というご意見を頂いておりました。そのため、『並列プログラミング入門』で十分に解説や演習ができなかった並列プログラミングの要（ツボ）となるアイデアと実装に対する解説に重点を置き、演習設定と解答プログラムを提供することで、並列プログラミングのツボが習得できる書籍を目指して本書を執筆しました。並列プログラミングで必須処理の書き方の事例を多く示すことで、「並列プログラミングのツボ」の習得ができる本になっていると思います。

　また並列プログラミング入門の内容から MPI プログラミングへは「難しさのギャップ」があります。そのギャップを埋めることにも貢献することを考慮しました。

　加えて本書では、おそらく業界初となる、並列計算機実機がなくても並列プログラミングができる「並列計算機をエミュレートする方法」を紹介しています。これにより、手元の PC で、並列プログラミングや並列アルゴリズムの開発のための検討ができます。このことで、実際の並列プログラム開発の効率を高めることもできます。さらに既刊の 2 書籍で十分に伝えることが

できなかった、「ハイブリット並列化のコツ」が理解可能なことも本書の特徴になっています。

2023 年現在、ChatGPT などの大規模言語モデル (LLM) が爆発的ブームとなっています。これは、いわゆる「機械学習ブーム」に含まれており、ソフトウェア開発の現場で使われる基盤技術の 1 つになりました。つまり、広い意味での機械学習ユーザが増えました。またクラウドサービス（スーパーコンピュータ）でも容易に機械学習が利用できる点も、このようなユーザの爆発的増加につながっています。

その一方で、機械学習時間の増大が問題になっており、高速化の強い要請があります。この機械学習の高速化は、並列処理技術の恰好の活用の場であることが専門家には知られていますが、まだまだ一般の方にはその重要性が理解されていません。そこで本書は、機械学習処理について並列プログラミングの観点から説明する、おそらく日本でも海外でも初となる入門書として解説をしております。

また本書は各章で練習問題を設定し、かつ解答プログラムを配布しています。このプログラムには、PC 上の GNU 環境で動作する C 言語と Fortran 言語が用意されています。つまりプログラム入門書としても機能するように執筆しました。

以上のように並列処理技術は、従来の数値計算のためだけでの技術ではなく、人工知能、LLM、および生成 AI といった最新 IT 技術に必須の基盤技術なのです。本書が、広範な分野の活性化につながるのであれば望外の幸せです。

本書の執筆にあたり、スーパーコンピュータ「不老」での機械学習の実行に関して助言をいただいた、九州大学情報基盤研究開発センター大島聡史准教授に感謝します。また、本書出版にご尽力いただいた、東京大学出版会編集部 岸純青氏に感謝いたします。

2023 年 10 月　名古屋市千種区の研究室にて

謹識

片桐　孝洋

目次

第 1 章

並列化のツボとは？

1.1　並列化とは

本書は、並列化 (**Parallelization**) に関する技術を取り扱うものです。では、そもそも並列化とは何でしょうか？

並列化とは、同時に処理できるようにすることです。並列化は概念なので、あらゆることに適用できるものです。たとえば、カレーを作るという料理の手順について考えましょう。この手順では、(1) 水を沸騰させる；(2) 野菜や肉の具材を切る；(3)(2) を入れて煮込む；(4) カレールウを入れて煮込む；という手順があるとします。この手順において、同時にできる処理を探します。たとえば、(1) の水を沸騰させるのと、(2) の野菜や肉を切るのは、原理的に同時に行えます。ですので、並列化ができます。

一方、(3) の具材を入れて煮込んだ後にしか、(4) のカレールウを入れて煮込むことができません。このように処理には、並列化できる処理とできない処理があり、これを明らかにする必要があります。

本書は、プログラミングを対象にします。通常のプログラミングでは、並列化を意識していません。ですので、並列化するには、プログラム上においても、「並列化できる場所」と「並列化できない場所」の検討をすることが、並列化を行う最初の手順となります。

1.2　なぜ並列化するのか

次に、並列化すると、何がうれしいのでしょうか？　結論から述べると、並列化する利点は大きく分けて 2 つあります。

　最初の利点は、プログラムが高速に実行できるようになることです。本書はプログラミングを取り扱いますが、そのプログラムは計算機上で実行されます。通常、1 つの計算機しか使わないと思われていますが、現在の計算機は、手元の PC でも、内部に 4 つ以上の計算をできる仕組みを持っています。そのためこの状況では、PC の内部で同時に使える計算機が 4 台あるのと同じです。したがって、4 台の計算機を同時に使える「並列化」をしたほうが高速化できます。たとえば、並列化されていないプログラムによる実行が 4 時間かかる場合、並列化をしたプログラムを用いて実行すると、4 つの計算要素を持つ PC では、同じ処理をするのに 1 時間で終了できます。加えて 2023 年現在、PC の内部には 8 つの同時に計算できる仕組みが実装されて普及しています。さらには、高性能を誇るスーパーコンピュータでは、1 つの計算要素内で 100 個以上、同時に計算できる要素を持っていますので、並列化による速度向上は、さらに驚異的なものとなります。

　次の利点は、大規模な問題が取り扱えるようになることです。並列化によって、複数の計算機を同時に使えるようになることは、先ほどの高速化の事例で説明しました。一方、同時に計算機を使えるということは、使える計算機数に比例して、計算機内のメモリの量も大きくなっていきます。たとえば、1 つの計算機で 8 GB のメモリを持っているとすると、並列化しないと 8 GB 以下の問題しか実行できません。この一方で、並列化して 10 台の計算機が使えるとすると、合計で 80 GB の問題を実行できるようになります。すなわち、使う計算機数に比例して、大規模な問題を取り扱えるようになります。

　ここで、並列化して全体として大きなメモリが扱えるように、複数の計算機を利用するような並列化を、本書では**ノード間並列化**と呼びます。一方、複数の計算機を使うのではなく、1 つの計算機内（たとえば PC）にある、同時に計算できる要素を用いた並列化を**ノード内並列化**と呼びます。後の章で、詳しい説明をします。

　以上の 2 点が、並列化することの大きな利点です。その他の利点もあるのですが、本書では扱いません。たとえば、並列化することで、より堅牢な計算機システムを構築することもできます。この並列化とは、同じ処理を 2 つの計算機で実行して、双方で答えが一致するかを検証することで、より高い信頼性を達成する計算機を構築するということです。

以上のように、並列化による利点は多数あります。

1.3 本書の位置づけ

本書は、並列処理を初めて行う初心者向けの自習書として執筆しました。並列プログラミングを本格的に行うには、C 言語や Fortran 言語の習得に加えて、**Message Passing Interface (MPI)**[1, 2, 3]、や、**OpenMP**[4, 5]を利用して、並列プログラムを開発していきます。しかし、初心者がいきなり、MPI や OpenMP を利用してプログラミングをするには高い壁があります。それらの鍵となる概念を、「並列プログラミングのツボ」として、演習付きで習得するのが本書の目的です。

本章では、並列プログラミングをする場合に鍵（＝ツボ）となる、並列化の「目の付け所」について解説します。特に、どのような場合に活用するか、どうやって並列化するのか、また、各章に設定されている演習問題の活用について説明します。

1.4 並列プログラミングとは

並列プログラミングを行うときに最も基本的となる概念が、**並列化 (Parallelization)** です。並列化とは、他の処理を気にすることなく、各処理が独立に処理するようにすることです。並列化した処理をプログラミングするのが、**並列プログラミング (Parallel Programming)** になります。

とはいえ並列プログラミングは、普段行っているプログラミングとは、まったく異なる考え方をしないといけません。その普段行っているプログラミングのことを、並列プログラミングに対して**逐次プログラミング (Sequential Programming)** と呼ぶことがあります。並列化の際には、逐次プログラミングとの違いを考慮しなくてはいけません。それでは、並列化プログラミングと逐次プログラミングとの違いとは何でしょうか？

並列プログラミングでは、並列処理の要素ごとに、他の要素と独立して実行できなくてはいけません。そこで、並列処理を阻害する要因を知る必要があります。この阻害要因のことを、**依存 (dependency)** と呼びます。プロ

グラムでは一般に、制御構造（if 文で書かれるプログラム構造）、とデータ構造の 2 つの構造があります。双方とも、並列処理を阻害する要因になりますが、ここでまず、多くの事例が現れる、データ構造の依存を説明します。ここでこのデータ構造の依存のことを、**データ依存 (data dependency)** と呼びます。

　データ依存には、大きく 3 つのものがあります。以降で、順に説明します。

1.4.1　流れ依存

　データ依存のうちで、最も基本的な依存は、**流れ依存（フロー依存）(flow dependency)** です。流れ依存の典型的な例は、以下になります。

```
<1>   b = a;
<2>   c = b;
<3>   d = c;
```

　ここで、<2>行目の c = b; の実行には、<1>行目の b = a; の実行を終了し、変数 a の値を読み取り、変数 b に値を収納しないと、<2>行目の代入は、変数 b の値が確定していないので実行できません。同様なことが、<3>行目の変数 c にもいえます。このような依存の際に、変数 b と変数 c は流れ依存がある、といいます。

1.4.2　逆依存

　一方、流れ依存の逆の依存もあります。**逆依存 (anti-flow dependency)** です。以下が例になります。

```
<1>   a = b;
<2>   b = c;
<3>   c = d;
```

　ここで、<2>行目の b = c; の実行には、<1>行目の a = b; の実行を終了し、変数 b の値を読み取り、変数 a に値を収納しないと、<2>行目の代入は、変数 b の値が壊れてしまうため実行できません。同様なことが、<3>行目の変数 c にもいえます。このような依存について、変数 b と変数 c には逆依存がある、といいます。

1.4.3　出力依存

最後のデータ依存として、**出力依存 (output dependency)** があります。以下が例になります。

```
<1>   a = b;
<2>   c = d;
<3>   printf("c = %lf \n"、c);
<4>   c = e;
```

ここで、<4>行目の c = e; の実行には、<2>行目の c = d; 実行を終了し、変数 c の値を、変数 d に収納しないと、<4>行目の代入は、変数 c の値の変化について、逐次と異なる順番になり表示の結果がおかしくなります。一方、この出力依存は、回避方法があるため偽の依存とも呼ばれます。すなわち、<4>行目の代入について、別の変数 f を導入し

```
<4'>   f = e;
```

とすれば、出力依存がなくなります。

制御構造の依存についても、これらのデータ依存の概念を拡張することで、定義が可能です。

1.5　実例：どうやって並列化をするか

1.5.1　ループを並列化する場合

第 2 章で詳細を説明しますが、最初に考えないといけない並列化の方法は、ループレベルの並列化です。まず**ループレベルの並列化**について、簡単に説明します。

いま、以下のループを考えます。

```
for (i=0; i<N; i++) {
  A[i] = B[i];
}
```

　以上のループは、配列 A[]、B[] 双方ともデータ依存がないことが明らかなので並列化できます。このようなデータ依存がないループを探すこと、もしくは、アルゴリズム上の観点から並列性がない処理を探すこと、が並列化の際に最初にすべきことです。

　また並列化できるループは、どのようにループを回しても、結果は同じになります。より詳細に説明すると、完全に同じ結果になるループと、数学上の意味で同じ結果になるループがあります。後者の多くは、演算順序を変えても数学上の演算結果が同じとなる場合を指します。たとえば、掛け算の順番を変えても、交換則が成り立つ場合は問題ない、という場合です。

　このように並列化できるループでは、ループの回し方を逐次プログラムから変更しても、結果は変わりません。具体的には、上記のループは、0, 1, 2, $\cdots$, N-1 が逐次プログラムの回し方ですが、逆に N-1, $\cdots$, 2, 1, 0 と回しても、3, 1, 4, 5, 2, $\cdots$ と回しても、結果として収納される配列 A[] の中身は変わりません。

　以上のような、ループ中に書かれている式に現れる、変数や配列にデータ依存がないループに注目するのが、まず最初に行うべきことです。

1.5.2　工程を並列化する場合

　前項では、ループに着目して、並列化する例を説明しました。ここでは、別の概念で並列化する方法を説明します。

　それは、処理の流れのレベルでの並列性を抽出して並列化する方法です。たとえば、何らかの解析結果を得るために図を書く処理工程があるとしましょう。このとき、図を書く過程で、1点をプロットするのに4回の数値シミュレーションが必要であるとします。それを、図 1.1 に示します。

　たとえば、図 1.1 を書くのに 40 点分の計算が必要だとします。このとき、$40 \times 4 = 160$ の並列性が内在しています。仮に、1点計算するのに1時間の数値シミュレーションが必要な場合は、160 時間の処理になります。このとき、160 の並列性がある並列計算機を使えば、1時間で処理を終えることができます。

　この処理の流れの並列化は、原理的に完全に並列化可能といえます。しかし多くの場合、並列化に意識したプログラミングをしないと、このような並列

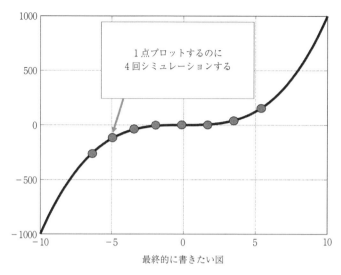

図 1.1　工程の並列化例

化のやり方をユーザがまったく意識していない、というのが筆者の経験です。

　以上のように、プログラム上は一見すると並列化「できない」と思っている処理でも、より上位の処理の流れに注目すると、多くの並列性が内在している可能性があります。詳しくは、第 2 章の「ジョブレベルの並列性」で説明します。

1.6　各章の演習問題と解答プログラムについて

　本書でプログラムを説明する場合は、C 言語で説明します。しかし、ダウンロードできる解答プログラムには、Fortran 言語のプログラムも用意しています。また、各章には演習問題を設けており、並列プログラミングのツボを理解できるようにしていますので、ご活用ください。C 言語や Fortran 言語については、他著を参照してください。

1.7　本章のまとめ

　本章では、並列化をする際の目の付け所（＝ツボ）について、概要を説明しました。通常のプログラミングは**逐次プログラミング**と呼ばれます。並列化を行う際に実行する**並列プログラミング**では、逐次プログラミングとまったく異なる観点を持ち、プログラミングをしていく必要があります。そのなかでも、**データ依存**に注目し、並列化のポイントを見極める必要があります。
　データ依存には、以下の 3 つがあります。

- **流れ依存**

- **逆依存**

- **出力依存**

並列化の対象として大きく分けると、以下の 2 つがあります。

- ループを並列化する場合

- 工程を並列化する場合

以上の並列化の具体例は第 2 章で説明します。

1.8　演習問題

1-1. 以下のプログラムの、配列 A[] のデータ依存性を答えよ。

```
for (i=0; i<N; i++) {
  A[i] = A[i+1];
}
```

1-2. 以下のプログラムの、配列 A[] のデータ依存性を答えよ。

```
for (i=0; i<N; i++) {
  A[i] = A[i-1];
}
```

1-3. 以下のプログラムの、配列 A[] のデータ依存性を答えよ。

```
for (i=0; i<N; i++) {
  A[i] = A[inx[i]];
}
```

第2章

並列対象を探せ！

本章では、並列プログラミングをする際に必須となる、並列対象を探すツボについて解説します。ポイントは、プログラムやアルゴリズムに内在する並列性を見つけることです。その際、最も注目すべき自明並列性、ループレベルの並列性、ジョブレベルの並列性について説明します。加えて、並列プログラミングを行う際には、並列計算機の利用が必須と思われますが、実は並列計算機を使わなくても、並列計算のプログラムを模倣することができます。このことで、並列プログラミングのデバッグを効率的に行える場合があります。本章では、その並列計算のプログラムを模倣する方法についても解説します。

2.1 自明並列性

並列プログラミングをする際、最初に検討するのは、明らかな並列性がある処理や場所を探すことです。この事例はたくさんあるのですが、よくある処理として、**パラメタサーベイ (Survey Parameters)** の処理があります。

パラメタサーベイは、ある性能パラメタと調査範囲を定めて、対象のプログラムを実行しながら、最も性能が高くなるパラメタ値を探す処理です。パラメタサーベイは、理工系の研究や製品開発で使われることが多い処理形態で、重要な処理です。

最近、話題になる人工知能 (**Artificial intelligence, AI**) で使われている**深層学習 (Deep Learning)** において、ニューロンの層の数や形状を決めるパラメタが、最終的に得られる AI モデルの品質（予測精度）に大きく影響することが知られていますが、そのパラメタの調整が、まさにパラメタサーベイの処理に相当します。本書では、この事例を第 4 章で示します。

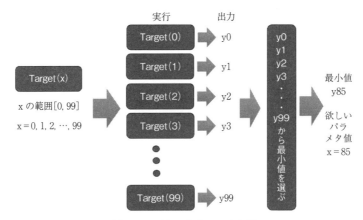

図 **2.1**　パラメタサーベイの例

　いま、処理対象のプログラムを Target とします。そのプログラム Target に与えるパラメタ変数を x として、Target(x) と記載します。このとき、パラメタ変数 x には、0 から 99 の範囲を 1 刻みで与えて何度も実行し、出力となる値 y を観測します。このとき、出力値 y が最小となる、パラメタ x の値を探す処理がパラメタサーベイの処理になります。図 2.1 に、この例を示します。

　図 2.1 では、Target(0)、Target(1)、···、Target(99) の実行は、並列にできます。また、パラメタ探索範囲のプログラムの実行に関する並列性があることは明らかです。図 2.1 の例では、100 の並列性があります。仮に、1 実行が 1 時間なら、逐次プログラムの実行で 100 時間かかる処理が、100 の並列性がある並列計算機で実行すれば、1 時間で処理を終えることが期待できます。ただし、図 2.1 の例では、各実行の出力である y0、y1、···、y99 から最小値を探す処理は、完全には並列化できない点に注意します。

　この図 2.1 の例のように、自明に並列化できる処理を**自明並列 (Embarrassingly Parallel, EP)** と呼びます。自明並列の処理は、原理的に並列化の効率が極めて高いため、並列化の際に最初に注目すべき重要な処理となります。

　以降の節において、自明並列の処理を含む具体的事例について解説します。

2.2 ループ並列性

ここでは、プログラム上の並列性に注目して並列プログラミングをする際のツボとなる、ループ並列性について説明します。

2.2.1 Loop1：明らかな並列性のあるループ

まず初めに、プログラムを構成するループにおいて、第1章で説明した3つのデータ依存を考慮して並列化を考えてみましょう。最も簡単な並列化は、ループ中に現れる式において、データ依存がまったくない場合です。以下のループを考えてみましょう。

```
<1> for (i=0; i<N; i++) {
<2>    r = f(i);
<3>    if (r == 1) printf("find i=%d \n",i);
<4> }
```

以上のループは、ある値を与えて、それが解かどうかを探索する処理の骨格を表しています。

具体的には、関数 f(i) に整数 i（その範囲は 0 から N-1）を与え、何かの解を探索する処理です。関数 f(i) の戻り値が 1 かどうかで、解かどうかを判定します。以上の例では、整数 i を与えた後の関数 f(i) の呼び出し処理について、データ依存はありません。したがって上記の処理は、並列化可能です。

ちなみに並列化可能である場合、i の探索方法に制約はありません。つまり、上記の例にある、0, 1, $\cdots$, N のように、ループを回さなくてもよいです。たとえば、N, N-1, $\cdots$, 1, 0 と回してもよいですし、ランダムな順番にループを回してもよいです。つまりは、最も速く解が求まるように、i を設定し、実行すればよいことになります。この効率の良い探索のやり方も、多くの方法（アルゴリズム）が提案されていますが、本書では説明を割愛します。

2.2.2　Loop2：データ依存があるが並列化できるループ

　次に、ループにデータ依存があるが、並列化ができる例を見てみましょう。以下のループを考えます。

```
<1> h = 1.0 / (double)n;
<2> sum  = 0.0;
<3> for (i=1; i<=n; i++) {
<4>   x = h * ((double)i - 0.5);
<5>   sum = sum + 4.0 / (1.0 + x*x);
<6> }
<7> pi = h * sum;
```

　以上の例は、円周率を計算するプログラム例です。このループは、<4>行の変数 x の計算については、データ依存がなく、並列に計算できます。ところが、<5>行の変数 sum は、ループを通しての流れ依存があり、このままでは並列化できないことがわかります。

　しかしながら、変数 sum を並列化する要素数分だけ用意すれば、並列化できることがわかります。以下に 2 並列実行するために、ループを 2 つに分割した例を示します。

```
<1> double sum[2];
<2> sum[0] = sum[1] = 0.0;
<3> for (i=1; i<n/2; i++) {
<4>   x = h * ((double)i - 0.5);
<5>   sum[0] = sum[0] + 4.0 / (1.0 + x*x);
<6> }
<7> for (i=n/2; i<=n; i++) {
<8>   x = h * ((double)i - 0.5);
<9>   sum[1] = sum[1] + 4.0 / (1.0 + x*x);
<10> }
<11> pi = h * (sum[0]+sum[1]);
```

　以上の例では、<3>–<6>行のループと<7>–<10>行のループは、"原理的に"
並列実行可能です。このコードでは、逐次プログラミングなので、並列化し
ても高速化されませんが、しかるべき並列化の言語（MPI や OpenMP）で
同様の処理を記載することで、並列化され高速実行できます。

　ここで、分割した変数 sum の足しこみに注意する必要があります。<11>行
での計算に注目すると、この加算は完全には並列化できません。以下のよう
に、基本的には、逐次足しこみをしないといけません[1]： sum[0]+sum[1]。
この足しこみは、並列化効率の悪化要因の 1 つとなります。また、逐次処理
に対して、並列処理では足しこみ順序が変わるため、逐次処理の計算結果と
異なることがあります。これは、計算機上での数の有限表現による誤差によ
り生じるもので、数学上は交換則があるため、数学上の計算結果は変わらな
い例です。

2.3　ジョブレベルの並列性

　ここでは、ジョブレベルでの並列化を説明します。ここでジョブレベルと
は、プログラムの実行レベルという意味です。同時に並列計算機でプログラ
ムを動かすことで、解きたい問題を高速に求解することを狙います。並列化
の概念は、本章の冒頭で説明した、自明並列と同じですが、プログラムの実
行レベルでの並列化であるといえます。また、第 1 章で説明した、「工程を並
列化する場合」の実現手段の 1 つといえます。

　ここで、自明並列のループのプログラムは、原理的にジョブレベルの並列
化ができるという点も重要な着目点となります。具体的にここでは、Loop1
の例をジョブレベルの実行に変換する例で説明します。

　結論から述べると、Loop1 の例は、以下のようなプログラムに変更できます。

```
<1> int main(int argc, char* argv[]) {
<2>    int i, r;
<3>    if (argc != 2) return(1);
<4>    i = atoi(argv[1]);
```

---

[1] 部分的な足しこみを並列に行い、結果を逐次に足しこむ並列化はできます。

```
<5>    r = f(i);
<6>    if (r == 1) printf("Find i=%d \n",i);
<7>    else printf("It cannot find i=%d \n",i);
<8> }
```

　以上の例では、C 言語の実行時オプションを入手する main 関数の引数である argc、argv[] を利用している点に注意してください。つまり、関数 f(i) に与えるパラメタである整数値を、ジョブの実行時オプションとして与える仕様に変更されています。

　いま、この実行可能ファイル名を job とします。このとき、整数パラメタ値 10 を指定して実行するには、以下のコマンドを入力して実行することになります。

```
$ ./job 10
```

　またこの処理は、ジョブ間にデータ依存関係がないので、同時に実行できます。たとえば以下の実行は、同時に実行可能です。

```
$ ./job 10
$ ./job 6
$ ./job 21
```

　すなわち、前節のパラメタサーベイを行うことは、上記のようなコマンド一式を入力することに相当しています。

　以上のような実行を、自動で行うように Linux のコマンドを実行させると、プログラム中にループで記載した処理と同等の処理、すなわち、パラメタサーベイが実現できます。

　この処理の自動化に関して、たとえば、シェルスクリプトで処理を記載できます。具体的に Linux の bash スクリプトでは、以下のように記載できます。

```
#!/bin/bash
for i in `seq 0 99`
do
  echo "i="$i
```

```
    ./job $i
done
```

　ここで、最初の行の指定#!/bin/bash で、bash を指定しています。以上
のスクリプト記述により、job の実行時のコマンドラインオプションに、0,
1, · · · , 99 までを指定することで実行がされます。この実行に関して、並列
計算機での実行を行うことで、各ジョブが並列実行され、高速化が期待でき
ます。

　再度になりますが、このような処理は、ジョブの実行に関しては完全な並列
性があるのですが、実行結果の解析が必要となります（前節で説明したパラ
メタサーベイの、出力結果の最小値を選ぶ処理を参照）。一般にこの処理は、
完全に並列化できないので、並列性能を劣化させる要因となることに注意を
してください。

2.4　並列計算機を使わずエミュレーションする方法

　並列化を行う対象がわかったら、並列計算機を用いて並列プログラミング
を始めることが次のステップです。しかし、並列計算機が普及したとはいえ、
皆さんの手元に、すぐに使える並列計算機環境があるとは限りません。また、
デバッグをするために、遠隔の並列計算機にログインして利用するのは、と
ても煩雑な状況もあるかもしれません。

　実は、並列計算機を用いなくても、逐次プログラミング環境でも、並列プ
ログラミングの処理を模倣（シミュレーション）する方法があります。この
方法により、PC などの手元の計算機環境下でも、並列計算機を使わず並列
化の検証を行うことも可能です。

　ここでは、Loop2：データ依存があるが並列化できるループの円周率計算
のプログラムを例に、この並列プログラミングをシミュレーションする方法
を説明します。以下に再度、このループを記載します。

```
h = 1.0 / (double)n;
sum  = 0.0;
for (i=1; i<=n; i++) {
```

```
  x = h * ((double)i - 0.5);
  sum = sum + 4.0 / (1.0 + x*x);
}
pi = h * sum;
```

2.4.1　手順 1：並列計算要素を表すループを作る

まず初めに行うことは、並列計算の要素を表すループを作ることです。ここで、並列計算の要素とは、MPI などでは、プロセス番号 (**Process Number**)、もしくはランク (**rank**) と呼ばれます。また OpenMP などでは、スレッド番号 (**Thread Number**) が相当します。

いま、以上の並列計算要素の「数」を NP とします。このとき、以下のようなループを構成します。

```
for (i_pe=0; i_pe<NP; i_pe++) {
  対象となる処理
}
```

2.4.2　手順 2：各並列計算要素で利用する変数を配列化する

次に、各並列計算の要素でアクセスする変数について、配列化します。これは、たとえば各プロセスでは個別のメモリを持っているため、並列計算時の同時アクセス可能なメモリの確保を意味しています。

前節の円周率の計算では、並列計算時に問題となる変数は sum です。そこで、この sum を、並列計算の要素数個分確保する配列にします。これを、以下に示します。

```
double sum[NP];
```

2.4.3　手順 3：ループの回し方を変更する

次に、各並列計算の要素で行うループごとに、適するループの開始値と終了値を設定します。いま、この対象となるループは

```
for (i=1; i<=n; i++) {
```

```
  x = h * ((double)i - 0.5);
  sum = sum + 4.0 / (1.0 + x*x);
}
```

であり、i ループがその対象です。ここで、i ループは、1〜n 回、回りますので、このループを各並列計算の要素に割り当てます。

　ここで、この割り当て方は並列計算で特に重要となります。つまり、各並列計算の要素ごとに均等な計算を割り当てないと、高い並列化の効率が達成できません。つまり、100 並列で 90 倍速くなればよいのですが、均等に計算を割り当てられないと、100 並列で 10 倍ぐらいしか高速化できない、という事態が生じます。

　この、並列計算の要素への割り当て方法は、いくつか典型的な方法が知られています。この方法については、第 3 章で詳しく説明します。

　ここでは単純に、並列計算の要素数 NP で、ループ 1〜n を割る方法で実装することにしましょう。ここで注意は、ループの長さ n と、NP が割り切れない場合を考慮する必要があることです。ここでは単純に、最後の要素が n/NP の割り残りのループを持つことにします。

　このとき、各並列要素の担当するループの開始値を i_start、終了値を i_end とすると、以下のようになります。

```
ib = n/NP;
i_start = 1 + ib*i_pe;
if (i_pe != (NP-1)) i_end = ib*(long)(i_pe+1);
else i_end = n;
```

　最終的に、対象のループは、以下のように実装できます。

```
for (i=i_start; i<=i_end; i++) {
  x = h * ((double)i - 0.5);
  sum[i_pe] = sum[i_pe] + 4.0 / (1.0 + x*x);
}
```

2.4.4　手順 4：逐次計算結果に合うように処理を変更する

最後に、逐次計算の結果に合うように残りの処理を変更します。

ここでは、各計算要素に計算を分割して結果を収納した配列 sum[i_pe] について、結果を加算して逐次プログラミングの結果に合わせる必要があります。これは、以下になります。

```
t_sum = 0.0;
for (i_pe=0; i_pe<NP; i_pe++) {
  t_sum += sum[i_pe];
}
```

以上で、並列計算機のエミュレーションコードの実装は終了です。全体のコードの概要を以下に示します。

```
h = 1.0/n;
ib = n/NP;
for (i_pe=0; i_pe<NP; i_pe++) {
  sum[i_pe] = 0.0;
  i_start = 1 + ib*i_pe;
  if (i_pe != (NP-1)) i_end = ib*(i_pe+1);
  else i_end = n;
  for (i=i_start; i<=i_end; i++) {
    x = h * ((double)i - 0.5);
    sum[i_pe] = sum[i_pe] + 4.0 / (1.0 + x*x);
  }
}
t_sum = 0.0;
for (i_pe=0; i_pe<NP; i_pe++) {
  t_sum += sum[i_pe];
}
pi = h * t_sum;
```

2.4.5　実際の並列計算機との対応

先ほど作成した、並列計算をエミュレーションするコードと、実際の並列計算機での動きの対応を考えてみましょう。

(a)　MPI との位置づけ

分散メモリ型並列計算機向きの言語である MPI との位置づけを説明します。

まず確認すべきは、並列計算機の実機では並列実行可能な環境となるため、手順 1 で導入した、

```
for (i_pe=0; i_pe<NP; i_pe++) {
  …
}
```

のループは記載しなくても、並列化されて実行されますので、注意してください。並列計算機を利用する状況で上記のループを記載すると、並列計算の観点で余分な計算をすることになり高速化されません。

次に MPI では、並列計算の計算要素はプロセスであり、プロセスは別メモリの概念であることを確認する必要があります。そこで手順 2 で明示して宣言した、各プロセスで独自に計算結果を収納する配列 sum[NP] は、単に sum という変数宣言をするだけで、NP 個の配列を確保した状態となります。

3 番目に確認すべきは、手順 3 で導入したループの開始値 i_start と終了値 i_end の設定は、MPI でもまったく同じ記載が必要だということです。これは、プロセスごとに割り当てるループでまったく同じ考え方が必要だからです。また、ループ変数 i_pe は、MPI のスレッド番号（MPI では、**ランク (rank)** と呼ぶ）そのものを表しているため、本書で示した設定が、そのまま使えます。この点が、逐次プログラミングで並列計算機の実行をシミュレートする利点です。

最後に、手順 4 については一般的に MPI の通信関数を用いた書き換えが必要になります。この書き換えには、以下の 2 つの方法がありますが、詳しくは第 5 章で説明します。

- 方法 1：1 対 1 通信関数 (**Point-to-Point Communication Function**) を用いて、分散された sum の値を加算して、必要なプロセスに

所有させる方法。

- 方法 2：MPI が提供する**集団通信関数** (**Collective Communication Function**) を利用する方法。

(b)　OpenMP との位置づけ

次に、OpenMP で記載された実行における対応を示します。

OpenMP はスレッド環境での並列計算を行うため、共有メモリのモデルで動作します。共有メモリであるため、基本は、各スレッド間で共通の変数を用いることになります。そのため、各スレッドで書き込むような変数を含む計算を、何もしないでスレッド並列実行すると、逐次結果と同一となる実行が保証されません。この例では、変数 sum に関連する計算が、それに相当します。

一方、データ依存がない変数の計算については、並列実行のための記述をするだけで並列化が完了します。これは、(1) OpenMP が扱う並列化対象の範囲に入る際にスレッドごとに独立した変数を宣言すること、(2) 計算終了時には、共有メモリ上に結果が残ること、の 2 点により可能となります。

たとえば、以下のコードを考えます。

```
for (i=0; i<N; i++) {
  A[i] = B[i];
}
```

このとき、配列 A[]、B[] にはデータ依存関係がないので、OpenMP では簡単に並列化できます。具体的には、#pragma omp parallel for というコメント行で

```
#pragma omp parallel for
for (i=0; i<N; i++) {
  A[i] = B[i];
}
```

と記載すれば、すぐに並列化を終了できます。

　話を戻しますと、本書の円周率のプログラムの並列化をどうするかですが、各スレッド間でアクセスする変数を、(1) 専用の並列化方法で記載するか、(2) 各スレッドでアクセスしないようにするか、の 2 つの方法があります。

　まずは、(1) の方法を説明します。一般に並列処理の計算機言語では、並列計算の要素ごとに、足しこむ処理を記載する専用の記述方法が用意されています。OpenMP では、reduction を使って記載します。具体的には、以下の記載のようになります。

```
#pragma omp parallel for reduction(+:sum)
for (i=1; i<=n; i++) {
  x = h * ((double)i - 0.5);
  sum = sum + 4.0 / (1.0 + x*x);
}
```

　以上の例では、スレッド間の足しこみの演算指定を+、足しこみ対象となる変数名を sum で指定しています。ちなみに、このような演算（関数）は、先ほど説明した集団通信関数とも呼ばれますが、別名で、**リダクション演算** (**Reduction Operation**) とも呼ばれます。

　リダクション演算で、スレッド間の加算を実現する方法が最も簡単です。多くの場合、そのように実装します。一方、欠点もあります。それは、リダクション演算はスレッド数が増えてくると操作に時間がかかることから、並列化効率が悪くなる点です。特に、近年の**マルチコア CPU** (**Multi-core CPU**) では、コア数が 100 コアを超える計算機が普及しています。そのことから OpenMP でのスレッド実行も、100 スレッドを超える実行が当たり前になりつつあります。

　このような状況では、リダクション演算を使わず、直接、並列化を記載したほうがよいです。これが先ほど示した、(2) 各スレッドでアクセスしないようにする実装になります。この実装は、並列計算をエミュレートした実装そのものになります。

　ここでは OpenMP でのスレッド実行をするのですが、その並列化の対象は、手順 1 の並列計算の要素を回すループそのものになります。具体的には以下の指示をするだけで、そのまま動作します。

```
h = 1.0/n;
ib = n/NP;
#pragma omp parallel for private(i_start,i_end,x)
firstprivate(ib,h)
for (i_pe=0; i_pe<NP; i_pe++) {
  sum[i_pe] = 0.0;
  i_start = 1 + ib*i_pe;
  if (i_pe != (NP-1)) i_end = ib*(i_pe+1);
  else i_end = n;
  for (i=i_start; i<=i_end; i++) {
    x = h * ((double)i - 0.5);
    sum[i_pe] = sum[i_pe] + 4.0 / (1.0 + x*x);
  }
}
t_sum = 0.0;
for (i_pe=0; i_pe<NP; i_pe++) {
  t_sum += sum[i_pe];
}
pi = h * t_sum;
```

　以上のプログラムでは、private() 中に記載される変数は、スレッド内で個別に宣言される変数になります。また、firstprivate() に記載される変数は、対象となる並列化の場所に入る前に定義されている変数です。対象領域に入るときに、その値がコピーされ、かつ、スレッド内で個別に宣言される変数になります。

　このように OpenMP においても、本章で示した並列計算を模倣するプログラムは、有効に活用できる場合があります。

　以上の MPI と OpenMP での事例を通して、本書で示した並列計算をシミュレートする逐次コードで正しく動くプログラムを開発すると、並列プログラミング時の生産性向上が期待できます。

2.5　実例：行列–行列積の並列化

2.5.1　並列化の検討

本章の仕上げとして、数値計算で典型処理となる行列–行列積の並列化を検討してみましょう。以下にコードを示します。

```
for(i=0; i<n; i++) {
  for(j=0; j<n; j++) {
    for(k=0; k<n; k++) {
      C[i][j] += A[i][k] * B[k][j];
    }
  }
}
```

まず検討することは、データ依存性があるかどうかです。配列 A[][]、B[][]、C[][] のうち、データ依存を生じるのは、代入を行っている配列 C[][] です。

次に、配列 C[][] の添え字は、i と j です。その演算は

```
C[i][j]=C[i][j] + …
```

という形になっています。ここで k が含まれないため、k ループでは C[i][j] は定数変数と同じになります。つまり、先述の円周率の計算のプログラムにおける変数 sum と同じ状況です。

以上から、k ループにおいては

```
<1> C[0][0]_0 = C[0][0]_0 +…
<2> C[0][0]_1 = C[0][0]_1 +…
<3> C[0][0]_2 = C[0][0]_2 +…
…
```

という形の計算になっています。ここで、 C[0][0]_k を、ループ変数 k のときの配列 C[0][0] を示す表記としました。

このように、<1>行目の左辺の C[0][0]_0 の値が設定されないと、<2>行目の右辺の C[0][0]_1 の値を参照できないので、流れ依存があります。した

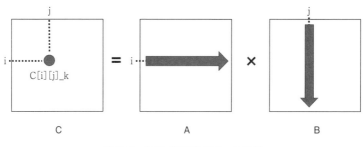

図 2.2　行列–行列積のデータ依存

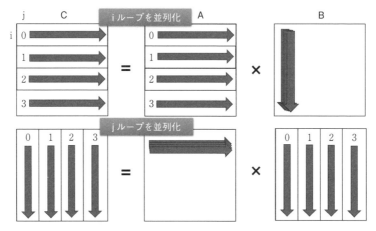

図 2.3　行列–行列積において各ループを並列化したアクセスパターン（4 並列）

がって、k ループの並列化はできません。一方、i ループと j ループにはデータ依存はないため並列化可能ということがわかります。その説明を図 2.2 に示します。

また、i ループ、もしくは j ループを並列化した場合のアクセスパターンを図 2.3 に示します。

図 2.3 から、配列 C[][] および、並列化の対象になるループ変数に関する配列が、並列数に依存する幅 ib ごとに、並列実行されます。一方、並列化に影響しないループ変数の初期値は 0 となるため、計算のはじめには、各並列要素（プロセスやスレッド）で、同じ行や列がアクセスされることになります。そのため、各スレッドやプロセスで同時にアクセスできるように配列を

確保しておく必要があります[2)]。

2.5.2 並列化したコード例

前項の並列化の検討をもとに、i ループを並列化し、並列計算を模倣する
コードを書いてみましょう。なお、行列–行列積では、それぞれの並列計算で
同時に書き込む配列はないため、配列の拡張をする必要はありません[3)]。

以下に、並列計算をエミュレートする実装により、並列化を行ったプログ
ラムを示します。

```
ib = n / NP;
for (i_pe=0; i_pe<NP; i_pe++) {
  i_start = ib*i_pe;
  if (i_pe != (NP-1)) i_end = ib*(i_pe+1);
  else i_end = n;
  for(i=i_start; i<i_end; i++) {
    for(j=0; j<n; j++) {
      for(k=0; k<n; k++) {
        C[i][j] += A[i][k] * B[k][j];
      }
    }
  }
}
```

2.6　本章のまとめ

本章では、並列化で必須となる、逐次プログラムに内在する並列化の対象の
見つけ方について説明しました。具体的には、以下に示す観点がありました。

● 自明並列化（パラメタサーベイ）

---

2)　スレッド実行では共有メモリのため、特に意識しなくても、各スレッドで配列がアクセスで
きます。ただし、並列実行での性能劣化の要因になります。

3)　この行列–行列計算の例では、各並列計算の要素が読み込む配列はありますが、共有メモリと
同じ状況で配列が確保されているため、特にすることはありません。

- **ループ並列性**

- **ジョブレベルの並列性**

　また、ループ並列性において、以下の 2 つの場合について、実際のプログラム例をもとに、並列化の検討を行いました。

- 明らかな並列性のあるループ

- データ依存があるが並列化できるループ

　また、並列プログラミングでは、並列計算機を利用してプログラミングをします。しかし、アルゴリズムの検討や実装の検討（**プロトタイピング（Prototyping）**）時には、実際の並列計算機を利用せず検討ができれば、ソフトウェア開発効率の向上につながります。本書では、おそらく並列プログラミングの関連書籍で初めて、並列計算機を使わずにエミュレートする方法を紹介しました。

　並列計算機をエミュレートする方法は、MPI や OpenMP などでの並列プログラミングと対応しており、事前検討の方法として効率がよいと思われます。

2.7　演習問題

2-1. Loop1 の明らかな並列性があるループのプログラムを作成せよ。

2-2. Loop2 のデータ依存があるが並列化できるループのプログラムを作成せよ。

2-3. 2-2 のプログラムにおいて、本文中で示した、2 ループに分割するプログラムを作成せよ。

2-4. 本書で紹介したジョブレベルの並列性のプログラムを作成せよ。

2-5. Loop1 の明らかな並列性があるループのプログラムにおいて、探索するパラメタ（本書の例では、変数 i）の値を、乱数で設定するようにプログラムを変更せよ。

2-6. Loop1 の明らかな並列性があるループのプログラムにおいて、関数 f()
は、何らかの倍精度の値を返すものとする。このとき、最も小さい値と
なる i の値と、関数の戻り値を表示するプログラムを作成せよ。

2-7. 本書で紹介した円周率計算のプログラムを、並列計算機を使わず模倣
する方法を実装せよ。

2-8. 本書で紹介した円周率計算のプログラムを、リダクション演算を使わ
ない方法で、OpenMP を用いて並列化せよ。

2-9. 行列積の並列化を、並列計算機を使わず模倣する方法で、並列プログ
ラミングせよ。また、そのプログラムを、OpenMP で並列化せよ。

第**3**章

データ分散は負荷分散だ！

本章では、並列化の際に必要となるデータ分散について解説します。特に、規則的であるため数学的に記載しやすく、かつメモリ量の削減になる基本的なデータ分散方式について説明します。ここでは、ブロック分散、サイクリック分散を中心として、数値計算の並列化でよく用いられているデータ分散方式の基礎技術の習得を目指します。

3.1 データ分散がなぜ必要か

3.1.1 データ分散の必要性

まず初めに、並列処理では、データ分散がなぜ必要かを説明します。結論からいうと、負荷分散に大きく影響する重要なデータ構造だからです。

いま、4並列を行う場合を考えてみましょう。計算負荷が全体で100単位ある場合に、以下のデータ分散をしたらどうでしょうか？

並列計算機0：　1単位
並列計算機1：　1単位
並列計算機2：　1単位
並列計算機3：　97単位

この例で並列計算する場合、並列可能なのは1単位分しかなく、あとの97単位は並列計算機3で逐次実行されてしまいます。1単位の実行時間が1秒の場合、元の処理は100秒ですが、並列計算機で実行しても97秒にしかならず、4並列実行しても$100/97 = 1.03$倍しか高速化されません。

そこで理想的には、この100単位の計算は、

並列計算機0：　25単位

並列計算機 1：　25 単位

並列計算機 2：　25 単位

並列計算機 3：　25 単位

のように分配すべきでしょう。そうすると、4 並列で 4 倍の高速化が実現できます。

　次に、データ分散がどのように負荷分散に影響を与えるか見てみましょう。いま、配列 A[N][N] が宣言されているとします。このとき、以下の計算をするとしましょう。

```
for (i=0; i<N; i++) {
  for (j=0; j<N; j++) {
    A[i][j] = (double)(i*N+j)*A[i][j];
  }
}
```

　以上のコードは、配列 A[i][j] に関してデータ依存がありませんので、i ループ、j ループの双方に関して、ループレベルの並列化が可能です。そこで、配列 A[i][j] を、各並列計算の要素に割り当てて並列計算をします。このデータの割り当てのことを、**データ分散 (Data Distribution)** と呼びます。

　いま、配列 A[N][N] についてデータ分散として、次の項で説明する**ブロック分散 (Block Distribution)** をすることにします。ここで、4 並列をする場合で、配列は配列 A[N][N] の、行列サイズ N に取るとします。このとき、列方向へデータ分散することを考えます。ここで、列方向とは、2 次元配列を行列データとみなして、行列の「行」を 2 次元配列の 1 次元目、行列の「列」を 2 次元配列の 2 次元目の分散と考えます。このとき列方向にブロック分散すると、図 3.1 のようになります。

　図 3.1 の列方向ブロック分散を上記計算に適用する場合、計算負荷の観点では完全にデータ分散ができるので問題ありません。これはつまり、配列 A[i][j] の各要素は、計算負荷 (double)(i*N+j)*A[i][j] を均等に負う処理になっていることに起因します。

　それでは、どんな計算でも図 3.1 の列ブロック計算をすれば、計算負荷は均等に分散されるのでしょうか？

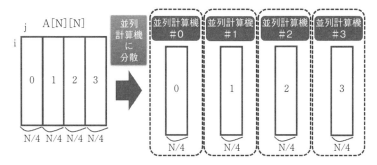

図 3.1 列方向ブロック分散の例

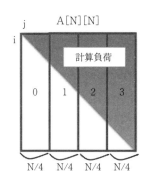

図 3.2 列方向ブロック分散で負荷分散が悪くなる例

結論は、No です。以下の計算例を考えてみましょう。

```
for (i=0; i<N; i++) {
  for (j=i; j<N; j++) {
    A[i][j] = (double)(i*N+j)*A[i][j];
  }
}
```

以上の例では、j ループが j=i から始まっているため、上三角部分にしか計算がありません。この状態で、図 3.1 の列方向ブロック分散をしてしまうと、多くの計算が、並列計算機 3 に割り当てられてしまいます。結果として、負荷分散が悪くなり、並列処理効率の劣化につながります。この状況を、図 3.2 に示します。

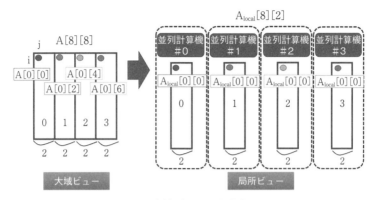

図 3.3　大域ビューと局所ビュー

　このように、**対象となる計算の特性を考慮してデータ分散を決める**ことが、並列処理のツボになります。

3.1.2　2 つのビュー

　ここで、並列化時に必要となる 2 つのビューについて説明します。これは、処理対象全体での見え方と、処理を割り当てた並列計算機での見え方、の 2 つです。ここでは、図 3.1 の列ブロック分散を例に説明します。図 3.3 に、図 3.1 の列ブロック分散において、N ＝ 8 の場合を示します。

　図 3.3 では、各並列計算機に割り当てられる対象は A[8][8] です。列ブロック分散ですので、配列 A の 8 列を、4 台の並列計算機でデータ分散するため、各並列計算機に分散される配列 A の列数は、8 列/4 台 ＝ 2、から 2 列になります。

　ここで、各並列計算機では異なるメモリを持っていると仮定します。いま、各並列計算機において個別に確保される配列を A_local[8][2] とします。注意が必要なのは、各並列計算機は個別のメモリを持っているので、配列 A_local[8][2] は、実際に 4 台の並列計算機を用いる場合は、同じ配列名 A_local[8][2] ですが、異なる実体の配列が 4 個確保されることになることです。

　いま、分散される前の配列 A[8][8] の各要素 A[0][0]、A[0][2]、A[0][4]、および A[0][6] を考えましょう。この各要素に対応する、並列計算機 0 番から 3 番が、それぞれ確保している配列 A_local[8][2] の、具体的な収納場

所について確認します。

　結論として、各要素 A[0][0]、A[0][2]、A[0][4]、および A[0][6] が収納される、並列計算機 0 番から 3 番が確保している配列 A_local[8][2] の対応する場所は、すべて、A_local[0][0] となります。つまり、その対応場所は列ブロック分散で割り当てる配列の最初の要素となっているので、各並列計算機が確保する配列からしても、最初の要素である A_local[0][0] と対応しています。

　以上をまとめると、データ分散される前の全体配列（元の配列）である A[8][8] と、各並列計算機上で確保された配列 A_local[8][2] では、対応する要素の見え方が違います。すなわち、配列 A と配列 A_local で対応する要素の添え字が違うことになります。

　図 3.3 の元の配列 A[8][8] のような見え方を**大域ビュー (Global View)** と呼びます。一方、各並列計算機の要素上の配列 A_local[8][2] のような見え方を、**局所ビュー (Local View)** と呼びます。

　データ分散は、大域ビューから局所ビューへの写像と、とらえることができます。以降の節で、よく知られているデータ分散の写像について紹介します。

3.2　データ分散の種類

　ここでは、データ分散によく使われる方法について説明します。特に、規則性のある方法を用いると、数学的に表記できるためデータ量を削減できます。ですので、まずは規則性のあるデータ分散方法について紹介します。

3.2.1　ブロック分散

　前節でも紹介したように、並列計算機に割り当てる対象を並列計算機の数で割ることでデータ分散を行う方法は、自然な方法といえます。対象となる要素を N、並列計算機の数を NP とするとき

$$ib = \lfloor N/NP \rfloor \tag{3.1}$$

のサイズ ib ごとに、各並列計算に割り振る方法を、**ブロック分散 (Block Distribution)** と呼びます。ここで、$\lfloor \ \rfloor$ の記号は、切り捨てを意味します。

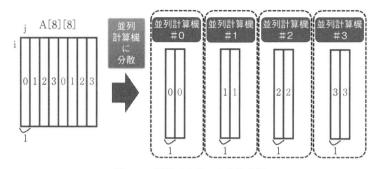

図 3.4　列サイクリック分散の例

切り捨てると、割り当てられない対象が出るのですが、これは、何らかの方法（後述）で割り残しをデータ分散する実装にしないと、並列プログラミングの際に問題になるため、注意してください。

また、このサイズ ib のことを、**ブロック幅**（**Block Length**）と呼びます。

3.2.2　サイクリック分散

次に、ブロック分散を拡張した方法を紹介します。図 3.2 の状況では、単純なブロック分散では負荷バランスの劣化を招いてしまいました。これを回避するには、N/NP のブロック幅にせずに、小さいブロック幅を設定して割り当てていけばよいはずです。

そこで、ブロック幅 ib を 1 に設定し、最後の並列計算機まで割り当てたら、並列計算機に戻り、循環して割り当てる方法を考えます。この方法を、図 3.4 に示します。

図 3.4 は、配列 A[8][8] を並列計算機 4 台で列方向に分散した例です。このような分散方法を、**サイクリック分散**（**Cyclic Distribution**）と呼びます。

サイクリック分散でも、配列サイズ N と並列数 NP が割り切れない場合がありますが、この場合は、並列計算機 0 番から再度順に割り当てられていくため、各並列計算機での負荷の違いが最大で 1 になります。このことから負荷バランスの面で、ブロック分散より良いデータ分散といえます。加えて、計算負荷に偏りのある図 3.2 のような例においても、サイクリック分散を適用すると、負荷バランスの劣化を防ぐことができるメリットがあるデータ分散法です。

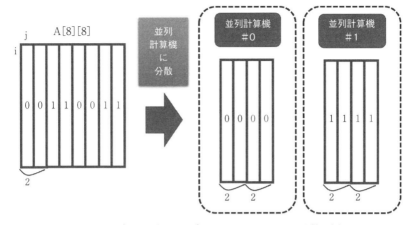

図 3.5　ブロック幅 2 のブロック・サイクリック分散の例

　長所しかなさそうなサイクリック分散ですが、欠点もあります。それは、並列処理で行う際に行われる、自分以外の計算機にデータを送る際に必要となる通信回数が増加する可能性がある点です。対象処理に依存するのですが、実装によっては、同一の並列計算機に割り当てる仕事量（ここでは、ブロック幅 ib）ごとに、通信をまとめて他の並列計算機に送る実装ができる場合があります。この場合、サイクリック分散では、$ib = 1$ のために通信回数が増えます。その結果、負荷バランスは良くなるものの通信時間が増えることで、全体の処理時間が遅くなる可能性があります。

3.2.3　ブロック・サイクリック分散

　先ほどのサイクリック分散の欠点は、ブロック幅 $ib = 1$ による通信時間の増加でした。では、ブロック幅を 1 より大きくして、かつ、サイクリック分散のようなデータ分散にすれば、この欠点は解消されると思われます。この考えに基づくデータ分散方法が、**ブロック・サイクリック分散 (Block-Cyclic Distribution)** です。

　図 3.5 に、**A[8][8]** を、並列計算機を 2 台用いて、ブロック幅 $ib = 2$ でブロック・サイクリック分散をした例を示します。

　図 3.5 では、ブロック幅 $ib = 2$ ごとに、各プロセスにサイクリック分散をしています。ここでも、並列処理の数 NP とブロック幅 ib が割り切れない

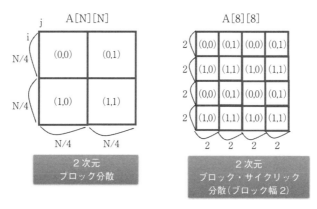

図 **3.6**　2 次元データ分散の例

場合は、残りのデータを、並列計算機 0 番から順に割り当てていきます。

　ブロック・サイクリック分散では、並列計算機間での負荷の違いがたかだか ib 程度で収まるため、ブロック分散に対して負荷バランスの劣化を防ぐことができます。また、ib を大きく取ることで、通信回数の増加を防ぐことができます。すなわち、負荷バランスの劣化と、通信時間の増加のトレードオフから最適な ib を決めることで高速化が可能なデータ分散方法となります。

3.2.4　2 次元以上のデータ分散法

　今までのデータ分散法は、2 次元配列の列方向のみを分散しました。このような、1 次元のデータ分散を、**1 次元分散 (one-dimensional distribution)** といいます。

　一方、2 次元配列は、行と列の 2 次元の方向を同時にデータ分散をすることができます。このデータ分散を、**2 次元分散 (two-dimensional distribution)** といいます。2 次元分散の例を、図 3.6 に示します。

　ここで、図 3.6 では、並列計算機の番号も 2 次元構成になっています。たとえば、並列計算機 0、1、2、3 番はそれぞれ、(0,0)、(1,0)、(0,1)、および (1,1) というように、識別番号が付けられています。一般に、NP を並列計算機の数とすると

$$NP = NP_x \times NP_y \tag{3.2}$$

となるように、2 次元形状の x 方向の並列計算機の数 NP_x、および、y 方向の数 NP_y を定義します。このような 2 次元形状の並列計算機の構成を一般に、**プロセッサ・グリッド (Processor Grid)** と呼ぶことがあります。

3 次元以上の配列のデータ分散についても、2 次元データ分散を拡張することで、同様に定義できます。このように、多次元配列のデータ分散についても、定義可能です。

3.3 数学的表記と実現法

前節では、規則的なデータ分散方法について紹介しました。本節では、プログラム実装を考慮して、再度、データ分散の説明を行います。前節で説明したように、データ分散の実装では、大域ビューから局所ビューへの写像を定義することが重要です。また、対象（たとえば、配列サイズ N）と並列計算機の数 NP が割り切れないときの処理も必須となる点に注意する必要があります。

ここでは、2 次元配列の分散を仮定し、配列は正方で、要素数は N とします。すなわち、配列 A[N][N] で定義されるとします。以降では、以下の表記をします。

●大域ビューでの表記

- 行方向のインデックス：i

- 列方向のインデックス：j

●局所ビューでの表記

- 行方向のインデックス：i_{local}

- 列方向のインデックス：j_{local}

並列計算機に関する表記を以下に示します。以降、並列計算機の要素のことを、**プロセッサ・エレメント (Processor Element)** と呼び、略称を PE と表記します。

●並列計算機に関する表記

- PE 総数：NP（$NP = NP_x \times NP_y$ で構成される）

- x 方向の PE 数：NP_x

- y 方向の PE 数：NP_y

- PE の番号：i_{pe}（$0, 1, \cdots NP-1$ と番号付される）

- 大域インデックス k を所有する PE 番号：$Owner(k)$

以上の表記から、一般に、データ分散は以下の写像 f_i と f_j を定義することになります。

$$f_i : i \to i_{\text{local}}$$
$$f_j : j \to j_{\text{local}} \tag{3.3}$$

3.3.1　ブロック分散

(a)　1 次元ブロック分散

1 次元ブロック分散は、以下で定義されます。

$$ib = \lfloor N/NP \rfloor$$
$$i_{\text{local}} = i \% ib$$
$$Owner(i) = i \ / \ ib \tag{3.4}$$

ここで、表記 % は C 言語の演算表記で、剰余の計算を表しています。

　ただし、N が NP で割り切れない場合の処理を実装で対応する必要があります。これはいろいろやり方があります。簡単に実現できますが、負荷均衡の観点ではあまり良くない実装法として、PE 番号 $NP-1$ 番が余りの処理をすべて請け負う方法があります。この実装法は、次節の実例で紹介します。

(b)　2 次元ブロック分散

2 次元ブロック分散は、以下で定義されます。

$$ib_x = \lfloor N/NP_x \rfloor$$

$$ib_y = \lfloor N/NP_y \rfloor$$

$$i_{\text{local}} = i \ \% \ ib_x$$

$$j_{\text{local}} = j \ \% \ ib_y$$

$$Owner(i) = i \ / \ ib_x$$

$$Owner(j) = j \ / \ ib_y \qquad (3.5)$$

2 次元ブロック分散は 1 次元ブロック分散を拡張したものですので、容易に理解できると思います。1 次元ブロック分散と同様に、N が NP_x および NP_y で割り切れない場合の処理を実装で対応する必要があります。

3.3.2 サイクリック分散

(a) 1 次元サイクリック分散

1 次元サイクリック分散は、以下で定義されます。

$$i_{\text{local}} = i \ / \ NP$$

$$Owner(i) = i \ \% \ NP \qquad (3.6)$$

(b) 2 次元サイクリック分散

2 次元サイクリック分散は、以下で定義されます。

$$i_{\text{local}} = i \ / \ NP_x$$

$$j_{\text{local}} = j \ / \ NP_y$$

$$Owner(i) = i \ \% \ NP_x$$

$$Owner(j) = j \ \% \ NP_y \qquad (3.7)$$

3.3.3 ブロック・サイクリック分散

ブロック・サイクリック分散を定義するにあたり、データ分散で設定されるブロック幅の記載が必要になります。以下に表記を示します。

●ブロック幅の記載

- ブロック幅：NB

ブロック・サイクリック分散は、サイクリック分散の一般化であり、サイクリック分散は $NB = 1$ を指定した特殊例であると考えると理解できます。

(a)　1 次元ブロック・サイクリック分散

1 次元ブロック・サイクリック分散は、以下で定義されます。

$$i_{\mathrm{local}} = i \: / \: (NP * NB) * NB + i$$
$$Owner(i) = (i/NB) \: \% \: NP \tag{3.8}$$

(b)　2 次元ブロック・サイクリック分散

2 次元ブロック・サイクリック分散は、以下で定義されます。

$$i_{\mathrm{local}} = i \: / \: (NP_x * NB) * NB + i \: \% NB$$
$$j_{\mathrm{local}} = j \: / \: (NP_y * NB) * NB + j \: \% NB$$
$$Owner(i) = (i/NB) \: \% \: NP_x$$
$$Owner(j) = (j/NB) \: \% \: NP_y \tag{3.9}$$

3.3.4　任意データ分散

今までのデータ分散は、規則的な方法でした。規則的なデータ分散を行うメリットは、数学的に簡単にデータの収納場所や、所属する並列計算機の番号がわかるため、余分なメモリなどが不要になる点です。一方で、複雑なデータ分散は実現が困難です。そこで本節では、規則的ではない任意のデータ分散について説明します。

任意のデータ分散をするためには、大域ビューにおけるインデックス i, j に対して、局所ビューのインデックス i_{local} と j_{local} を返す配列を確保する必要があります。また、大域ビューにおけるインデックス i, j に対して、所有している PE 番号を返す配列が必要となります。この配列が、データ分散に必要な配列として余分に必要となる点が欠点です。

一方利点は、どんなデータ分散でも実現可能なため、前節で示した、ブロック分散、サイクリック分散、および、ブロック・サイクリック分散のすべてが、任意のデータ分散では実現できます。

(a)　1 次元任意データ分散

大域ビューにおけるインデックス i に対する、局所ビューのインデックス i_{local} を返す配列を ind_local[N] とします。また、大域ビューにおけるイ

ンデックス i に対する、所有している PE 番号を返す配列を ind_pe[N] とします。このとき、1 次元任意データ分散は、以下になります。

$$i_{\text{local}} = \text{ind\_local[i]}$$
$$Owner(i) = \text{ind\_pe[i]} \tag{3.10}$$

(b) 2 次元任意データ分散

大域ビューにおけるインデックス i、j に対する、局所ビューのインデックス i_{local} を返す配列を、それぞれ、indx_local[N]、indy_local[N] とします。また、大域ビューにおけるインデックス i、j に対する、所有しているPE 番号を返す配列を、それぞれ indx_pe[N]、indy_pe[N] とします。このとき、2 次元任意データ分散は、以下になります。

$$i_{\text{local}} = \text{indx\_local[i]}$$
$$j_{\text{local}} = \text{indx\_local[j]}$$
$$Owner(i) = \text{indx\_pe[i]}$$
$$Owner(j) = \text{indy\_pe[j]} \tag{3.11}$$

3.4 実例：ブロック分散

3.3 節で説明したブロック分散に基づき、実装概略を示します。

3.4.1 1 次元ブロック分散

配列 [N][N] を、行方向に 1 次元ブロック分散する実装の概略は以下になります。

以降、並列計算をエミュレートする方法での実装を想定します。ここで局所ビューの配列を、A_local[][][NP] と確保するとします。すなわち、PE番号 p 番の局所ビューでの配列は、A_local[][][p] に収納されると仮定します。

```
ib = N / NP;
for (i=0; i<N; i++) {
```

```
  if (i < ib*NP) {
    i_pe = i / ib;
    i_local = i % ib;
  } else {
    i_pe = NP-1;
    i_local = ib + (i % ib);
  }
  for (j=0; j<N; j++) {
    A_local[i_local][j][i_pe] = A[i][j];
  }
}
```

　ここで注意すべきは、対象となる列数 N が PE 総数 NP で割り切れない場合の処理です。上記の例では、PE 番号 $NP-1$ 番の PE が、残りの行をすべて所有する実装になっている点に注意してください。すでに説明したように、負荷均衡の観点ではよい方法ではないですが、実装が簡単になります。

　なお、実際にどのようにデータ分散がされているかは、表示することで確認できます。以下に表示例を示します。

```
for (i_pe=0; i_pe<NP; i_pe++) {
  printf("i_pe : %d \n", i_pe);
  for (i_local=0; i_local<N/NP+N%NP; i_local++) {
    for (j=0; j<N; j++) {
      printf("%5.1lf ", A_local[i_local][j][i_pe]);
    }
    printf("\n");
  }
}
```

　いま、$N = 10$、$NP = 4$ とします。このとき、以下のようなデータ分散になります。

A :

```
  0.0    1.0    2.0    3.0    4.0    5.0    6.0    7.0    8.0    9.0
 10.0   11.0   12.0   13.0   14.0   15.0   16.0   17.0   18.0   19.0
 20.0   21.0   22.0   23.0   24.0   25.0   26.0   27.0   28.0   29.0
 30.0   31.0   32.0   33.0   34.0   35.0   36.0   37.0   38.0   39.0
 40.0   41.0   42.0   43.0   44.0   45.0   46.0   47.0   48.0   49.0
 50.0   51.0   52.0   53.0   54.0   55.0   56.0   57.0   58.0   59.0
 60.0   61.0   62.0   63.0   64.0   65.0   66.0   67.0   68.0   69.0
 70.0   71.0   72.0   73.0   74.0   75.0   76.0   77.0   78.0   79.0
 80.0   81.0   82.0   83.0   84.0   85.0   86.0   87.0   88.0   89.0
 90.0   91.0   92.0   93.0   94.0   95.0   96.0   97.0   98.0   99.0


i_pe : 0
  0.0    1.0    2.0    3.0    4.0    5.0    6.0    7.0    8.0    9.0
 10.0   11.0   12.0   13.0   14.0   15.0   16.0   17.0   18.0   19.0
  0.0    0.0    0.0    0.0    0.0    0.0    0.0    0.0    0.0    0.0
  0.0    0.0    0.0    0.0    0.0    0.0    0.0    0.0    0.0    0.0
i_pe : 1
 20.0   21.0   22.0   23.0   24.0   25.0   26.0   27.0   28.0   29.0
 30.0   31.0   32.0   33.0   34.0   35.0   36.0   37.0   38.0   39.0
  0.0    0.0    0.0    0.0    0.0    0.0    0.0    0.0    0.0    0.0
  0.0    0.0    0.0    0.0    0.0    0.0    0.0    0.0    0.0    0.0
i_pe : 2
 40.0   41.0   42.0   43.0   44.0   45.0   46.0   47.0   48.0   49.0
 50.0   51.0   52.0   53.0   54.0   55.0   56.0   57.0   58.0   59.0
  0.0    0.0    0.0    0.0    0.0    0.0    0.0    0.0    0.0    0.0
  0.0    0.0    0.0    0.0    0.0    0.0    0.0    0.0    0.0    0.0
i_pe : 3
 60.0   61.0   62.0   63.0   64.0   65.0   66.0   67.0   68.0   69.0
 70.0   71.0   72.0   73.0   74.0   75.0   76.0   77.0   78.0   79.0
 80.0   81.0   82.0   83.0   84.0   85.0   86.0   87.0   88.0   89.0
 90.0   91.0   92.0   93.0   94.0   95.0   96.0   97.0   98.0   99.0
```

3.4.2　2 次元ブロック分散

配列 [N][N] を 2 次元ブロック分散する実装の概略は、以下になります。

```
for (i=0; i<N; i++) {
  if (i < ibx*NPX) {
    i_pex = i / ibx;
    i_localx = i % ibx;
  } else {
    i_pex = NPX-1;
    i_localx = ibx + (i % ibx);
  }
  for (j=0; j<N; j++) {
    if (j < iby*NPY) {
      i_pey = j / iby;
      i_localy = j % iby;
    } else {
      i_pey = NPY-1;
      i_localy = iby + (j % iby);
    }
    i_pe = i_pex + NPX*i_pey;
    A_local[i_localx][i_localy][i_pe] = A[i][j];
  }
}
```

　ここで再度注意が必要なのは、N が x 方向の PE 総数 NP_x、および y 方向の PE 総数 NP_y で割り切れない場合の処理です。上記の例では、x 方向では PE 番号 $NP_x - 1$ 番、y 方向では PE 番号 $NP_y - 1$ 番が、残りの行をすべて所有する実装になっている点に注意してください。

　また、大域ビューのインデックスを所有する PE 番号を計算する際、2 次元分散では 2 次元の PE 番号表示（プロセッサ・グリッド）になることを説明しました。しかし、2 次元の PE 番号表示から、1 次元の PE 番号表示を計算

したいときがあります。その場合には、上記のコードで示したように計算します。いま、2次元の PE 表記が (pe_x, pe_y) とするとき、以下で計算します。

$$pe = pe_x + NP_x \times pe_y \tag{3.12}$$

いま、$N = 10$、$NP = 6$、$NP_x = 2$、$NP_y = 3$ とします。このとき、以下のようなデータ分散になります。

```
i_pe : 0 / (i_pex,i_pey) : (0, 0)
  0.0   1.0   2.0   0.0
 10.0  11.0  12.0   0.0
 20.0  21.0  22.0   0.0
 30.0  31.0  32.0   0.0
 40.0  41.0  42.0   0.0
i_pe : 1 / (i_pex,i_pey) : (1, 0)
 50.0  51.0  52.0   0.0
 60.0  61.0  62.0   0.0
 70.0  71.0  72.0   0.0
 80.0  81.0  82.0   0.0
 90.0  91.0  92.0   0.0
i_pe : 2 / (i_pex,i_pey) : (0, 1)
  3.0   4.0   5.0   0.0
 13.0  14.0  15.0   0.0
 23.0  24.0  25.0   0.0
 33.0  34.0  35.0   0.0
 43.0  44.0  45.0   0.0
i_pe : 3 / (i_pex,i_pey) : (1, 1)
 53.0  54.0  55.0   0.0
 63.0  64.0  65.0   0.0
 73.0  74.0  75.0   0.0
 83.0  84.0  85.0   0.0
 93.0  94.0  95.0   0.0
```

```
i_pe : 4 / (i_pex,i_pey) : (0, 2)
   6.0    7.0    8.0    9.0
  16.0   17.0   18.0   19.0
  26.0   27.0   28.0   29.0
  36.0   37.0   38.0   39.0
  46.0   47.0   48.0   49.0
i_pe : 5 / (i_pex,i_pey) : (1, 2)
 56.0   57.0   58.0   59.0
  66.0   67.0   68.0   69.0
  76.0   77.0   78.0   79.0
  86.0   87.0   88.0   89.0
  96.0   97.0   98.0   99.0
```

3.5　実例：サイクリック分散

　ここでは、3.3 節で説明したサイクリック分散に基づき実装の概略を示します。

3.5.1　1 次元サイクリック分散

　配列 [N][N] を、1 次元サイクリック分散することを考えましょう。C 言語で実装する場合のプログラムの概略は、以下になります。

```
ib = N / NP;
for (i=0; i<N; i++) {
  i_pe = i % NP;
  i_local = i / NP;
  for (j=0; j<N; j++) {
    A_local[i_local][j][i_pe] = A[i][j];
  }
}
```

　いま、$N = 10$、$NP = 4$ とします。このとき、以下のようなデータ分散になります。

```
i_pe : 0
  0.0   1.0   2.0   3.0   4.0   5.0   6.0   7.0   8.0   9.0
 40.0  41.0  42.0  43.0  44.0  45.0  46.0  47.0  48.0  49.0
 80.0  81.0  82.0  83.0  84.0  85.0  86.0  87.0  88.0  89.0
i_pe : 1
 10.0  11.0  12.0  13.0  14.0  15.0  16.0  17.0  18.0  19.0
 50.0  51.0  52.0  53.0  54.0  55.0  56.0  57.0  58.0  59.0
 90.0  91.0  92.0  93.0  94.0  95.0  96.0  97.0  98.0  99.0
i_pe : 2
 20.0  21.0  22.0  23.0  24.0  25.0  26.0  27.0  28.0  29.0
 60.0  61.0  62.0  63.0  64.0  65.0  66.0  67.0  68.0  69.0
  0.0   0.0   0.0   0.0   0.0   0.0   0.0   0.0   0.0   0.0
i_pe : 3
 30.0  31.0  32.0  33.0  34.0  35.0  36.0  37.0  38.0  39.0
 70.0  71.0  72.0  73.0  74.0  75.0  76.0  77.0  78.0  79.0
  0.0   0.0   0.0   0.0   0.0   0.0   0.0   0.0   0.0   0.0
```

3.5.2　2次元サイクリック分散

配列 [N] [N] を、2次元サイクリック分散する実装の概略は以下になります。

```
ibx = N / NPX;
iby = N / NPY;
for (i=0; i<N; i++) {
  i_pex = i % NPX;
  i_localx = i / NPX;
  for (j=0; j<N; j++) {
    i_pey = j % NPY;
    i_localy = j / NPY;
    i_pe = i_pex + NPX*i_pey;
    A_local[i_localx][i_localy][i_pe] = A[i][j];
  }
}
```

いま、$N = 10$、$NP = 6$、$NP_x = 2$、$NP_y = 3$ とします。このとき、以下のようなデータ分散になります。

```
i_pe : 0 / (i_pex,i_pey) : (0, 0)
  0.0    3.0    6.0    9.0
 20.0   23.0   26.0   29.0
 40.0   43.0   46.0   49.0
 60.0   63.0   66.0   69.0
 80.0   83.0   86.0   89.0
i_pe : 1 / (i_pex,i_pey) : (1, 0)
 10.0   13.0   16.0   19.0
 30.0   33.0   36.0   39.0
 50.0   53.0   56.0   59.0
 70.0   73.0   76.0   79.0
 90.0   93.0   96.0   99.0
i_pe : 2 / (i_pex,i_pey) : (0, 1)
  1.0    4.0    7.0    0.0
 21.0   24.0   27.0    0.0
 41.0   44.0   47.0    0.0
 61.0   64.0   67.0    0.0
 81.0   84.0   87.0    0.0
i_pe : 3 / (i_pex,i_pey) : (1, 1)
 11.0   14.0   17.0    0.0
 31.0   34.0   37.0    0.0
 51.0   54.0   57.0    0.0
 71.0   74.0   77.0    0.0
 91.0   94.0   97.0    0.0
i_pe : 4 / (i_pex,i_pey) : (0, 2)
  2.0    5.0    8.0    0.0
 22.0   25.0   28.0    0.0
 42.0   45.0   48.0    0.0
```

```
 62.0  65.0  68.0    0.0
 82.0  85.0  88.0    0.0
i_pe : 5 / (i_pex,i_pey) : (1, 2)
 12.0  15.0  18.0    0.0
 32.0  35.0  38.0    0.0
 52.0  55.0  58.0    0.0
 72.0  75.0  78.0    0.0
 92.0  95.0  98.0    0.0
```

3.6　実例：ブロック・サイクリック分散

　ここでは、3.3 節で説明したブロック・サイクリック分散に基づき、実装の概略を示します。

3.6.1　1 次元ブロック・サイクリック分散

　配列 [N][N] を、1 次元ブロック・サイクリック分散することを考えましょう。C 言語を用いて実装する際の、プログラムの概略は以下になります。

```
ib = N / NP;
for (i=0; i<N; i++) {
  i_pe = (i/NB) % NP;
  i_local = i/(NP*NB)*NB + i%NB;
  for (j=0; j<N; j++) {
    A_local[i_local][j][i_pe] = A[i][j];
  }
}
```

　いま、$N = 10$、$NP = 4$、$NB = 2$ とします。このとき、以下のようなデータ分散になります。

```
i_pe : 0
  0.0   1.0   2.0   3.0   4.0   5.0   6.0   7.0   8.0   9.0
```

```
10.0  11.0  12.0  13.0  14.0  15.0  16.0  17.0  18.0  19.0
80.0  81.0  82.0  83.0  84.0  85.0  86.0  87.0  88.0  89.0
90.0  91.0  92.0  93.0  94.0  95.0  96.0  97.0  98.0  99.0
i_pe : 1
20.0  21.0  22.0  23.0  24.0  25.0  26.0  27.0  28.0  29.0
30.0  31.0  32.0  33.0  34.0  35.0  36.0  37.0  38.0  39.0
 0.0   0.0   0.0   0.0   0.0   0.0   0.0   0.0   0.0   0.0
 0.0   0.0   0.0   0.0   0.0   0.0   0.0   0.0   0.0   0.0
i_pe : 2
40.0  41.0  42.0  43.0  44.0  45.0  46.0  47.0  48.0  49.0
50.0  51.0  52.0  53.0  54.0  55.0  56.0  57.0  58.0  59.0
 0.0   0.0   0.0   0.0   0.0   0.0   0.0   0.0   0.0   0.0
 0.0   0.0   0.0   0.0   0.0   0.0   0.0   0.0   0.0   0.0
i_pe : 3
60.0  61.0  62.0  63.0  64.0  65.0  66.0  67.0  68.0  69.0
70.0  71.0  72.0  73.0  74.0  75.0  76.0  77.0  78.0  79.0
 0.0   0.0   0.0   0.0   0.0   0.0   0.0   0.0   0.0   0.0
 0.0   0.0   0.0   0.0   0.0   0.0   0.0   0.0   0.0   0.0
```

3.6.2　2 次元ブロック・サイクリック分散

　配列 [N][N] を、2 次元ブロック・サイクリック分散する実装の概略は以下になります。

```
ibx = N / NPX;
iby = N / NPY;
for (i=0; i<N; i++) {
  i_pex = (i/NB) % NPX;
  i_localx = i/(NPX*NB)*NB + i%NB;
  for (j=0; j<N; j++) {
    i_pey = (j/NB) % NPY;
    i_localy = j/(NPY*NB)*NB + j%NB;
```

```
    i_pe = i_pex + NPX*i_pey;
    A_local[i_localx][i_localy][i_pe] = A[i][j];
  }
}
```

いま、$N = 10$、$NP = 6$、$NP_x = 2$、$NP_y = 3$、$NB = 2$とします。このとき、以下のようなデータ分散になります。

```
i_pe : 0 / (i_pex,i_pey) : (0, 0)
  0.0    1.0    6.0    7.0
 10.0   11.0   16.0   17.0
 40.0   41.0   46.0   47.0
 50.0   51.0   56.0   57.0
 80.0   81.0   86.0   87.0
 90.0   91.0   96.0   97.0
i_pe : 1 / (i_pex,i_pey) : (1, 0)
 20.0   21.0   26.0   27.0
 30.0   31.0   36.0   37.0
 60.0   61.0   66.0   67.0
 70.0   71.0   76.0   77.0
  0.0    0.0    0.0    0.0
  0.0    0.0    0.0    0.0
i_pe : 2 / (i_pex,i_pey) : (0, 1)
  2.0    3.0    8.0    9.0
 12.0   13.0   18.0   19.0
 42.0   43.0   48.0   49.0
 52.0   53.0   58.0   59.0
 82.0   83.0   88.0   89.0
 92.0   93.0   98.0   99.0
i_pe : 3 / (i_pex,i_pey) : (1, 1)
 22.0   23.0   28.0   29.0
 32.0   33.0   38.0   39.0
```

```
 62.0   63.0   68.0   69.0
 72.0   73.0   78.0   79.0
  0.0    0.0    0.0    0.0
  0.0    0.0    0.0    0.0
i_pe : 4 / (i_pex,i_pey) : (0, 2)
  4.0    5.0    0.0    0.0
 14.0   15.0    0.0    0.0
 44.0   45.0    0.0    0.0
 54.0   55.0    0.0    0.0
 84.0   85.0    0.0    0.0
 94.0   95.0    0.0    0.0
i_pe : 5 / (i_pex,i_pey) : (1, 2)
 24.0   25.0    0.0    0.0
 34.0   35.0    0.0    0.0
 64.0   65.0    0.0    0.0
 74.0   75.0    0.0    0.0
  0.0    0.0    0.0    0.0
  0.0    0.0    0.0    0.0
```

3.7　実例：任意データ分散

ここでは、3.3節で説明した任意データ分散に基づき実装の概略を示します。

3.7.1　1次元任意データ分散

配列 [N][N] を、1次元任意データ分散することを考えます。C言語を用いてプログラミングする際の、コードの概略は以下になります。

```c
for (i=0; i<N; i++) {
  for (j=0; j<N; j++) {
    A_local[ind_local[i]][j][ind_pe[i]] = A[i][j];
  }
}
```

いま、$N = 10$、$NP = 4$ とします。このとき、以下のようなデータ分散になります。

```
ind_pe :
2 0 3 3 1 3 2 1 3 0
ind_local :
0 0 0 3 1 2 1 0 1 1
```

```
i_pe : 0
 10.0  11.0  12.0  13.0  14.0  15.0  16.0  17.0  18.0  19.0
 90.0  91.0  92.0  93.0  94.0  95.0  96.0  97.0  98.0  99.0
  0.0   0.0   0.0   0.0   0.0   0.0   0.0   0.0   0.0   0.0
  0.0   0.0   0.0   0.0   0.0   0.0   0.0   0.0   0.0   0.0
i_pe : 1
 70.0  71.0  72.0  73.0  74.0  75.0  76.0  77.0  78.0  79.0
 40.0  41.0  42.0  43.0  44.0  45.0  46.0  47.0  48.0  49.0
  0.0   0.0   0.0   0.0   0.0   0.0   0.0   0.0   0.0   0.0
  0.0   0.0   0.0   0.0   0.0   0.0   0.0   0.0   0.0   0.0
i_pe : 2
  0.0   1.0   2.0   3.0   4.0   5.0   6.0   7.0   8.0   9.0
 60.0  61.0  62.0  63.0  64.0  65.0  66.0  67.0  68.0  69.0
  0.0   0.0   0.0   0.0   0.0   0.0   0.0   0.0   0.0   0.0
  0.0   0.0   0.0   0.0   0.0   0.0   0.0   0.0   0.0   0.0
i_pe : 3
 20.0  21.0  22.0  23.0  24.0  25.0  26.0  27.0  28.0  29.0
 80.0  81.0  82.0  83.0  84.0  85.0  86.0  87.0  88.0  89.0
 50.0  51.0  52.0  53.0  54.0  55.0  56.0  57.0  58.0  59.0
 30.0  31.0  32.0  33.0  34.0  35.0  36.0  37.0  38.0  39.0
```

3.7.2　2次元任意データ分散

配列 [N][N] を、2次元任意データ分散する実装の概略は以下になります。

```
for (i=0; i<N; i++) {
  for (j=0; j<N; j++) {
    i_pe = indx_pe[i] + NPX*indy_pe[j];
    A_local[indx_local[i]][indy_local[j]][i_pe] = A[i][j];
  }
}
```

　いま、$N = 10$、$NP = 6$、$NP_x = 2$、$NP_y = 3$ とします。このとき、以下のようなデータ分散になります。

```
indx_pe :
0 0 1 1 0 1 1 0 1 0
indx_local :
4 0 1 4 3 3 0 2 2 1

indy_pe :
2 0 1 0 2 1 2 0 2 1
indy_local :
0 0 1 2 2 2 1 1 3 0

i_pe : 0 / (i_pex,i_pey) : (0, 0)
 11.0  17.0  13.0    0.0
 91.0  97.0  93.0    0.0
 71.0  77.0  73.0    0.0
 41.0  47.0  43.0    0.0
  1.0   7.0   3.0    0.0
i_pe : 1 / (i_pex,i_pey) : (1, 0)
 61.0  67.0  63.0    0.0
 21.0  27.0  23.0    0.0
 81.0  87.0  83.0    0.0
 51.0  57.0  53.0    0.0
 31.0  37.0  33.0    0.0
```

```
i_pe : 2 / (i_pex,i_pey) : (0, 1)
 19.0  12.0  15.0   0.0
 99.0  92.0  95.0   0.0
 79.0  72.0  75.0   0.0
 49.0  42.0  45.0   0.0
  9.0   2.0   5.0   0.0
i_pe : 3 / (i_pex,i_pey) : (1, 1)
 69.0  62.0  65.0   0.0
 29.0  22.0  25.0   0.0
 89.0  82.0  85.0   0.0
 59.0  52.0  55.0   0.0
 39.0  32.0  35.0   0.0
i_pe : 4 / (i_pex,i_pey) : (0, 2)
 10.0  16.0  14.0  18.0
 90.0  96.0  94.0  98.0
 70.0  76.0  74.0  78.0
 40.0  46.0  44.0  48.0
  0.0   6.0   4.0   8.0
i_pe : 5 / (i_pex,i_pey) : (1, 2)
 60.0  66.0  64.0  68.0
 20.0  26.0  24.0  28.0
 80.0  86.0  84.0  88.0
 50.0  56.0  54.0  58.0
 30.0  36.0  34.0  38.0
```

3.8　実例：疎行列–ベクトル積への適用

　本節では数値計算の典型処理を取り上げ、前節で取り上げたデータ分散の適用実例を示します。

3.8.1　処理の概要

ここでは数値計算の典型処理として、**疎行列–ベクトル積 (Sparse Matrix-Vector Multiplication)** を扱います。疎行列–ベクトル積とは、$A \in \mathbb{R}^{n \times n}$、$x, y \in \mathbb{R}^n$ とするとき

$$y = Ax \tag{3.13}$$

の処理です。ただし、行列 A の要素は、0 が多い行列です。このような 0 の多い行列のことを、**疎行列 (Sparse Matrix)** といいます。

疎行列を計算する場合、行列の要素に 0 が多いため、そのまま計算すると 0 との積になり、無駄な計算処理になります。また、0 をメモリに確保するので、メモリ量の観点でも、無駄にメモリを消費することになります。そこで、0 を収納しないで、疎行列–ベクトル積などの疎行列の演算が効率よくできる**データ構造 (Data Structure)** が研究されています。疎行列を表すデータ構造のことを、**疎行列データ構造 (Sparse Data Format)** といいます。本書では、多種の疎行列データ構造を説明することは行わず、他の書籍 [4] に譲ります。

ここでは、比較的よく使われている疎行列データ構造である、**CRS 形式 (Compressed Row Storage Format)** について説明します。

CRS 形式は、疎行列 A を表現するため、以下の 3 つの配列によるデータ構造を持ちます。

1. `VAL[]`：疎行列 A の非零要素を収納した配列
2. `ICOL[]`：疎行列 A の非零要素の列番号を収納した配列
3. `IRP[]`：配列 `VAL[]` における、1 行分のデータ収納インデックスを収納した配列

図 3.7 に、CRS 形式での疎行列の表現の例を示します。

図 3.7 の CRS 形式では、非零要素しか配列 `VAL[]` に格納されないため、0 が多い疎行列で密行列表現（通常の 2 次元配列 `A[N][N]` を確保する方法）に対して、データ量の大幅な削減が可能です。

1 点注意すべきは、各行の始めの疎行列データの情報です。行単位でデータ分散するなどのときは、行番号の情報が必須になります。CRS 形式では、そ

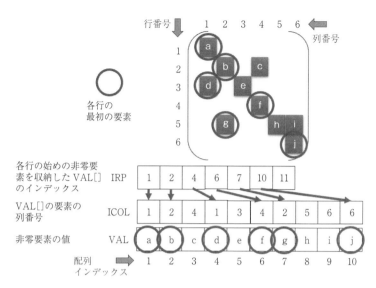

図 **3.7** CRS 形式での疎行列の表現

の情報は配列 `IRP[]` が所持する点に注意してください。たとえば、i 行最初の疎行列データは `VAL[IRP[i]]` でアクセス可能です。また、i 行が有する非零要素数は、図 3.7 の例では（1 から行番号が付与される）、`IRP[i+i]-IRP[i]` となることも確認してください。

3.8.2 疎行列–ベクトル積の計算

次に、疎行列–ベクトル積の計算について説明します。以下に、疎行列データ構造として CRS 形式を採用した場合の計算を示します。

```
for (i=0; i<N; i++) {
  s = 0.0;
  for (j_ptr=IRP[i]; j_ptr <=IRP[i+1]-1; j_ptr++) {
    s += VAL[j_ptr] * x[ICOL[j_ptr]];
  }
  y[i] = s;
}
```

以上の例では、i ループで、疎行列の行を指定します。指定された i 行で

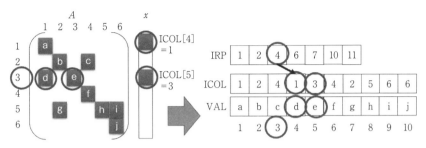

図 3.8　疎行列–ベクトル積の計算

は、配列 VAL[] に収納されている非零要素のインデックスは、j_ptr ループ
で指定されている点に注意してください。また、ベクトル x の要素を収納し
ている配列 x[] は、計算している非零要素の列番号のところのみ計算します
ので、配列 x[] のインデックスとしては、 ICOL[j_ptr] で指定される点に
注意してください。

　図 3.8 に、上記のコードの説明図を示します。

　図 3.8 では、いま、疎行列で 3 行目の計算に着目しています。このとき、
i=3 とすると、疎行列の 3 行目の最初の非零要素が格納されている VAL[] の
インデックスは、IRP[3] で得ることができます。いま、IRP[3]=4 ですので、
VAL[4] が最初の非零要素です。また、VAL[4] の疎行列での行番号は ICOL[4]
で得られます。いま、ICOL[4]=1 なので、列番号は 1 を示しています。また、
疎行列ベクトル積で乗算されるベクトル x の要素は、x[ICOL[4]]=x[1] と
なり、正しい行–ベクトル積の演算ができていることになります。この処理
は、j_ptr ループで行っています。一方、3 行にある非零要素は 2 つであり、
j_ptr ループの終了値は、IRP[4]-1=6-1=5 となります。

　ここで、データ依存を考えてみます。図 3.8 の計算は、明らかに、行レベ
ルの並列性があります。この行レベルの並列性は、疎行列–ベクトル積の演
算からベクトル y の要素を収納した配列 y[N] の要素毎の並列性といえます。
したがって、y[1]、y[2]、$\cdots$、y[N] は、アルゴリズム上、同時に計算でき
ます。

　以上の議論から、並列性は疎行列の次元数 N だけあるといえます。一般
に、大規模問題では N は十分に大きい数が取れるため、並列化する対象ルー
プとして、よいループとなります。

そこで、疎行列の列方向にデータ分散する並列化を行うことにします。

3.8.3　疎行列–ベクトル積のデータ分散

次に、疎行列–ベクトル積を行方向にデータ分散することを考えましょう。疎行列の非零要素を収納している配列 VAL[] をデータ分散することを考えますが、ここで注意は、1 行あたりの非零要素数は疎行列の形状に依存することです。したがって、単純に配列 VAL[] を列方向 1 次元ブロック分散できません。VAL[] を単純に列方向 1 次元分散すると、行の途中で異なる PE に非零要素をデータ分散することになり、そのままでは並列実行できません。

では、どうするかというと、1 行あたりの非零要素のインデックスを収納した配列 IRP[] の中身を考慮して、データ分散を行います。いま、ブロック・サイクリック分散を行うことを考慮すると、プログラムの骨子は以下のようになります。

```
for (i_pe=0; i_pe<NP; i_pe++) {
  for (i=0; i<n; i++) {
    if (i_pe == (i/NB) % NP) {
        <計算の中身>
    }
  }
}
```

以上のコードでは、ブロック・サイクリック分散では、i ループのループ番号 i の行を所有する PE 番号は、(i/NB) % NP で計算できるため、if 文で担当の計算を行うように実装しています。

3.8.4　並列実装例

では、いままでの議論をまとめた、列方向ブロック・サイクリック分散を行った、疎行列–ベクトル積演算を、並列計算機をエミュレートする方法で実装したコードを以下に示します。

```
for (i_pe=0; i_pe<NP; i_pe++) {
  i_local[i_pe] = 0;
```

```
}
for (i_pe=0; i_pe<NP; i_pe++) {
  for (i=0; i<n; i++) {
    if (i_pe == (i/NB) % NP) {
     s = 0.0;
     for (j_ptr=IRP[i]; j_ptr <=IRP[i+1]-1; j_ptr++) {
       s += VAL_local[i_local[i_pe]][i_pe] * X[ICOL[j_ptr]];
       i_local[i_pe]++;
     }
     Y[i] = s;
    }
  }
}
```

　以上では、各 PE へ配列 VAL[] をブロック・サイクリック分散し、各 PE でローカルに所有している変数を VAL_local[NNE][NP] としています。ここで、NNE は、疎行列の非零要素数の総数です。また、ローカルビューで、各 PE のローカルインデックス計算のため、配列 i_local[NP] を導入しています。

3.9　本章のまとめ

　本章では主に、並列処理で必須となる主要なデータ分散を説明しました。データ分散方式は、データ構造であり、プログラム上重要な概念になるだけではなく、並列処理においては、性能に影響する負荷分散の役割を果たすことを説明しました。
　具体的には、数学上、簡単に記載できる利点があるため、以下のデータ分散について説明しました。

- ブロック分散

- サイクリック分散

● ブロック・サイクリック分散

また、データ分散の次元について、1次元と2次元があることを説明しました。3次元以上も拡張すれば対応できます。また2次元データ分散では、PE番号の命名が2次元になります。この2次元のPE番号は、**プロセッサ・グリッド**と呼ばれます。

加えて、上記の基本的なデータ分散では対応できない処理に対しては、任意のデータ分散があることを説明しました。

以上の例をもとに、典型的な数値計算処理の例として、疎行列–ベクトル積の処理を取り上げ、列方向ブロック・サイクリック分散により並列化する例を説明しました。

3.10　演習問題

以降の演習問題では、第2章で説明した逐次プログラミングで、並列計算をエミュレートする方法で実装せよ。

3-1. 2次元配列 A[N][N] を、1次元ブロック分散するプログラムを作成せよ。

3-2. 2次元配列 A[N][N] を、2次元ブロック分散するプログラムを作成せよ。

3-3. 2次元配列 A[N][N] を、1次元サイクリック分散するプログラムを作成せよ。

3-4. 2次元配列 A[N][N] を、2次元サイクリック分散するプログラムを作成せよ。

3-5. 2次元配列 A[N][N] を、1次元ブロック・サイクリック分散するプログラムを作成せよ。

3-6. 2次元配列 A[N][N] を、2次元ブロック・サイクリック分散するプログラムを作成せよ。

3-7. 2次元配列 A[N][N] を、1次元で任意データ分散するプログラムを作成せよ。

3-8. 2 次元配列 `A[N][N]` を、2 次元で任意データ分散するプログラムを作成せよ。

3-9. 疎行列–ベクトル積のプログラムにおいて、行方向 1 次元ブロック・サイクリック分散を用いて並列化せよ。

3-10. 1 次元ブロック分散は、N が NP で割り切れないとき、PE $NP-1$ 番が割り残りの列をすべて担当する場合、割り残りの数が大きくなると負荷均衡が悪くなる。この欠点を解消するデータ分散方法を実装せよ。理論的には、PE 間での負荷の差は 1 にできる点に考慮せよ。

第4章

機械学習を並列化せよ！

本章では、近年大きなブームになっている機械学習について、処理の高速化の観点で解説します。本書は機械学習の専門書ではないので、機械学習アルゴリズムの詳細な説明は行いません。しかし近年、機械学習の学習時間の増大が大きな問題になっています。また、機械学習の目的である生成されるモデル精度（予測精度）の向上に、機械学習の高速化が大きく貢献します。そこで本章では特に、機械学習を行う際の学習時間の高速化の観点から並列処理のやり方を紹介します。

4.1 機械学習とは

2023年現在、**ChatGPT**[8] に代表される**大規模言語モデル (Large Language Models, LLM)** による技術革新の話題が花盛りです。また人工知能 (AI) の活用が、あらゆる製品開発に応用されようとしています。これらは、**機械学習 (Machine Learning)** の分野になります。そのうち、**ディープラーニング (Deep Learning, 深層学習)** が注目されています。

深層学習は AI モデルとして、ニューラルネットワーク (**Nural Network, NN**) を多層化したディープニューラルネットワーク (**Deep Nural Network, DNN**) を採用した機械学習の1つの方法です。

4.1.1 概要

深層学習に使われる DNN について簡単に説明します。図 4.1 に、DNN の説明を示します。

図 4.1 では、**入力層 (Input Layer)** と呼ばれる、入力値を入れる層があります。入力層の次に、複数の層からなる**隠れ層 (Hidden Layers)** があり

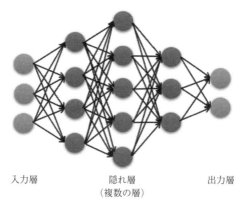

入力層　　　　　　　隠れ層　　　　　　出力層
　　　　　　　　　（複数の層）

図 4.1　DNN の例

ます。最後に、出力となる値が出てくる、**出力層 (Output Layer)** と呼ばれる層があります。これらの複数の層がつながり、何らかの重みを付けた信号処理（計算処理）で構成されるのが DNN です。層の数や形状は、用途に応じて多種の提案がありますが、通常は数十〜数百以上に及ぶ層で構成されます。ですので、とても深い層を形成します。この深い層によるニューラルネットを用いて学習するのが、深層学習です。

　一般には、**畳み込みニューラルネットワーク (Convolutional Neural Networks, CNN)** と呼ばれる、全結合していないニューラルネットワークを使うことが多いです。

　DNN を用いて何らかの学習をして、学習モデル（層の数、層の形状、各層につながるネットワークの形状考慮し、ネットワークの重みの設定したニューラルネット）を事前に作ります。この学習モデルに対して何らかの入力を与えて、出てくる出力を見る処理が、機械学習による予測や結果となります。

　たとえば、犬と猫の画像を入力して、出力に正解の犬や猫の値を設定して、最も誤差が少なくなるように DNN のつながりの重みを計算することが**学習 (Learning)** です。その学習結果の DNN を用いて、今度は、何かの画像を入力し、DNN による出力から、犬か猫かの判断（予測）をすることが、機械学習の使い方です。これを**推論 (Inference)** と呼びます。推論は、予測とも呼ばれることがあります。

　ここで、機械学習のやり方には、**教師あり学習、分類、回帰、教師なし学**

習などの方法がありますが、これらの説明は、機械学習の専門書に譲ります。ここでは、教師あり学習の例における、学習処理の並列化に焦点を絞り説明します。

DNN を用いた教師あり学習において、入力データのいくつかの組に対して、正しい結果が事前にわかっているとします。先ほどの例では、猫の画像と犬の画像の正解の画像を分類し、事前に解答を持っているとします。その解答の入力に対して、DNN の各層への重みを、なるべく誤差なく設定していく学習方法が、教師あり学習の処理になります。

4.1.2 GPU の活用

機械学習、特に DNN では、ネットワークの重みの変更を何度も行い学習をします。この際の演算は、規則的な演算となります。定式化すると、重みの行列を用意し、その重みの行列を別に用意した行列に乗算していく演算になります。つまり、行列–行列積が主演算となります。そこで、行列–行列積を高速化する必要があります。

ここで行列–行列積などの規則演算を大変高速に行えるハードウェアを搭載する計算機が、DNN を用いた機械学習向きの計算機といえます。現在、行列–行列積演算を強化した強力なハードウェアを搭載しているのが、**Graphics Processing Unit (GPU)** です。この理由から、GPU では DNN の機械学習を高速にできます。皆さんが使っている PC に搭載されている CPU の実行に対して、GPU での機械学習は 10 倍以上高速となるのが現状です。そのことから現在、機械学習をするなら GPU で実行することが、盛んに行われているのです。

4.1.3 機械学習の流れ

機械学習の流れを図 4.2 に示します。

図 4.2 ではまず、機械学習による AI モデルを生成するため、①大量のデータセットを用意します。ここでの機械学習の方法は教師あり学習を前提とするので、答えがわかっているデータセットを用意します。たとえばいま、画像の分類問題で、画像から犬か猫か判断する問題を取り扱っているとします。このとき、犬の写真と、猫の写真を機械学習に取り込めるデータ形式で用意することが、データセットの用意にあたります。

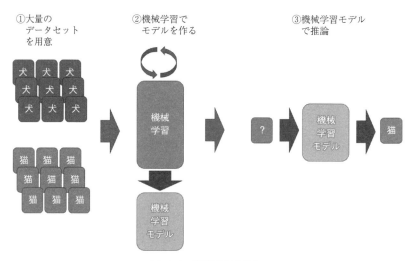

図 4.2　機械学習の流れ

　次に、②機械学習でモデルを作る処理をします。この②の処理が一般に、機械学習とされる処理です。一般に機械学習では、非常に大きな容量のデータセットを用いて、数日〜数週間の計算をすることで、機械学習モデルを作ります。ここでは、できるだけ汎用的に使えて、かつ、高い精度でモデルを作るのが目標です。

　最後に、②で得られた機械学習モデルを用いて、③機械学習で推論をします。この処理は、たとえば画像を与えて、②で得られた学習モデルを通して、犬か猫かを判断する処理になります。

　図 4.2 の全体の処理としては、②の機械学習モデルができると、何度も③の推論で利用することになります。したがって、多くの時間をかけても、精度がよく汎用に使える機械学習モデルを作成することは、大変意味があることになります。

　このことから、②の機械学習の処理の高速化、および、得られる AI モデルの高精度化が大変重要な処理となります。

4.1.4　エポック、バッチサイズ、反復数

　次に、図 4.2 の②の機械学習のやり方について、少し説明します。機械学習をするためには、大量のデータセットを用いるのですが、データセットの

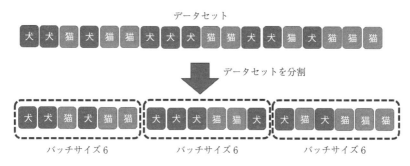

図 4.3 データセットとバッチサイズ

活用としては、以下の3種類があります。

1. **訓練データ (Training Data)**：機械学習時のモデル更新（CNNの重み更新）に用いるデータ

2. **検証データ (Validation Data)**：機械学習時のモデル構造などの変更に用いるデータ

3. **テストデータ (Test Data)**：作成した機械学習モデルの精度評価用のデータ

これらはいずれも、元のデータセットから構成されます。ですので、元の大量のデータセットを分割して、機械学習をする必要があります。このデータセットの分割について、特別な名前がついています。それを、図4.3に示します。

図4.3から、データセットを、ある個数ごとのデータに分けます。その分割したデータセットのサイズのことを、**バッチサイズ (Batch Size)** といいます。図4.3では、6データごとにデータセットを分割したので、バッチサイズは6となります。

また、**反復数 (Iteration Number)** という用語もあります。これは、データセットのデータが、バッチサイズごとに処理をしたときに、少なくとも1回は使われるために必要な繰り返し数、です。たとえば図4.3では、データセットのデータ個数は18個で、バッチサイズは6です。このとき、バッチサイズ6の処理を3回行えば、データセットすべての18個を使い切ることになります。したがってこのときの反復数は、3となります。

　最後に、**エポック (Epoch)** という用語があります。1 エポックとは、デー
タセット全体を学習に与えて処理をすることです。つまり、データセットを
すべて使い切って学習すると 1 エポックになります。解の精度を高めるには
1 エポックの学習では不十分で、数エポック与えて機械学習をする必要があ
ります。

　ここで、以上のバッチサイズやエポック数の決定は、生成される機械学習
モデルの精度に影響を及ぼしますので、適切な値を設定することが必要です。
しかし、どの値が適切かは、用意されたデータの品質に依存するため、デー
タセットを決めたうえで機械学習をして探す必要があります。

4.1.5　ハイパーパラメタチューニングとパラメタサーベイ

　前項のバッチサイズ、反復数、エポック数は、機械学習で得られる機械学
習モデルの精度を決定する、機械学習実施時には調整すべきパラメタである
といえます。

　また、DNN の NN の構造を考えると、隠れ層の数、隠れ層の 1 層あたり
のノード数、ネットワークをつなぐ重みの初期値、ネットワークの情報をど
のように伝達させるか（活性化関数）など、学習前にユーザが設定しないと
いけない、生成される機械学習モデルの精度に影響を及ぼすパラメタがあり
ます。

　以上のようなパラメタのことを、**ハイパーパラメタ (Hyper Parameter)**
と呼びます。

　ハイパーパラメタは機械学習モデルの精度に大きく影響するため、事前の
チューニングが必須です。このチューニングにはいろいろな方法が提案され
ていますが、いずれも、ハイパーパラメタの値を与え、何度も実行しないと
いけません。またこの実行は、ハイパーパラメタ間には何の依存もないため、
同時に実行できます。つまり、第 2 章で説明した自明並列性の**パラメタサー
ベイ**の処理となります。

　したがって機械学習時のハイパーパラメタ最適化は、並列計算機での速度
向上が期待できる典型例です。図 4.4 に、機械学習時にバッチサイズのチュー
ニングを自明並列性のパラメタサーベイで同時実行する例を示します。

　図 4.4 では、機械学習のプログラムを Target(x) とし、パラメタ x にバッ

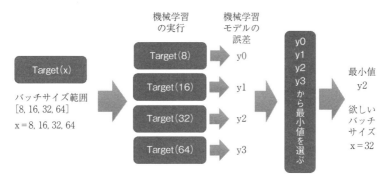

図 **4.4** バッチサイズのチューニングを自明並列性のパラメタサーベイで同時実行する例

チサイズを設定します。パラメタの範囲は離散値として、8、16、32、64 の 4
通りを与えます。その後、機械学習を同時実行します。生成した機械学習モ
デルをテストデータを用いて動かすことで、モデルとの誤差 y0、y1、y2、y3
を得ます。その後、4 つの誤差から最小となるバッチサイズを選ぶと、バッ
チサイズの並列チューニングが完了します。

4.2 深層学習の並列化：データ並列性とモデル並列性

　ここで、並列処理の観点から、深層学習の並列化の方法について説明します。
　並列処理では、**データ並列性 (Data Parallelism)** と**タスク並列性 (Task
Parallelism)** という概念があります。データ並列性は、データに内在する
並列性を活用する並列化です。タスク並列性は、処理（計算）に内在する並
列性を活用する並列化です。
　この概念を、深層学習の処理に適用した並列化の方法が、データ並列性と
モデル並列性 (Model Papalism) です。
　まず、データ並列性による深層学習の並列化例を図 4.5 に示します。
　図 4.5 では、データ並列性として、異なるデータセットを与えて並列に学
習します。その際、モデル (DNN) は、各 PE で同じものをコピーして使い
ます。機械学習では、バッチサイズでも説明したように、同一の DNN を用
いて異なるデータセットで学習する処理になっていることから、このような
データ並列性があることは自明です。またこのデータ並列は、自明並列性で

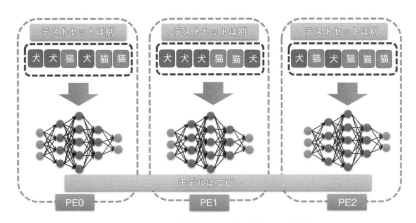

図 **4.5**　データ並列性による深層学習の並列化

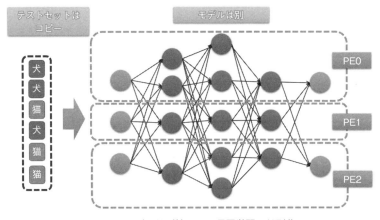

図 **4.6**　モデル並列性による深層学習の並列化

あり、各 PE にモデルがコピーされていれば、通信不要で並列化できるため、高い学習並列性を達成できます。欠点は、モデルが大きくなりメモリに入らなくなる場合、実行できなくなります。つまり、メモリに対するスケーラビリティがない並列化といえます。

　次に、モデル並列性による深層学習の並列化例を図 4.6 に示します。

　図 4.6 では、テストセットを各 PE でコピーして並列計算します。モデル (DNN) を、何らかの方法で各 PE に分散して計算します。ここで、DNN のつながりごとに重みの計算があり、計算を各 PE に分散していることになる

ため、並列化により学習時間の短縮が見込めます。利点は、並列数 (PE 数)
を増やせば増やすほど、大きなモデルが扱えるため、メモリに関するスケー
ラビリティがあることです。一方で欠点は、モデルを PE に分割しているた
め、PE 間で何らかの通信が必要になります。そのため、並列性が高くなる
と通信時間が無視できなくなり、並列化による速度向上が制限されます。

4.2.1　高度な並列化：データ分散による並列機械学習

　前項の深層学習におけるデータ並列性やモデル並列性による最適化は、ノー
ド内で行うのが通常です。よくある並列化の形式として、サーバ内に複数の
GPU がある状況での、双方の並列化の実行は簡単です。2023 年現在、サー
バ内に 4〜16 個の GPU を搭載していますので、16 並列ぐらいまでの並列化
が可能です。

　一方、分散メモリ環境で機械学習が並列化できると、並列化の規模が大き
く異なります。2023 年現在の世界最高性能の GPU スパコンでは、6 万個も
GPU を搭載しています。ですので、分散メモリに機械学習が対応できると、
モデルの規模を格段に高めることができます。2023 年現在、ChatGPT に代
表される**大規模言語モデル (LLM)** が注目されていますが、このような超大
規模が機械学習モデルを得るためには、この分散機械学習と超高性能な GPU
スパコンを用いるしかありません。

　この一方で、データ分散を行った機械学習は独自開発が難しく、機械学習のフ
レームワーク（ソフトウェア）を使って行うことが多いです。たとえば、**Ten-
sorFlow** は分散型機械学習の機能を提供しています [9]。また、TensorFlow、
Keras、**PyTorch** 向けの分散深層学習フレームワークに、**Horovod**[10] が
あります。これらのフレームワークを活用した利用が、多くの場合は機械学
習の分散並列化に使われる利用形態といえます。

4.3　実例：スパコンでの実行例

　本節では、名古屋大学情報基盤センターに設置された、**スーパーコンピュー
タ「不老」**（以降、スパコン「不老」）[11] を用いて、実際の機械学習の並列化
を行う事例を紹介します。スパコン「不老」は、4 つのサブシステムから構

成されています。そのうちの 1 つである TypeII サブシステムは、NVIDIA
社の GPU を 884 台搭載した GPU スパコンです。本書で説明した、機械学
習の並列化に向いた AI 研究用に特化したスパコンです。

4.3.1　ResNet (Residual Neural Networks)

ここでは、CNN を用いた機械学習の例として、**ResNet (Residual Neural Networks)** の実行例を示します。ResNet[13] は CNN において代表的なモデルであり、従来、CNN では層の数を深くするとモデル誤差が蓄積し、十分な性能が出せませんでした。そこで、残差ブロックの概念を導入し、より深い層（50 層以上）でも精度の劣化なしに、高精度なモデルを構築可能となった方法です。本書は機械学習の解説書ではないので、ResNet の解説は、他書に譲ります。

4.3.2　並列実行例

ここでは、スパコン「不老」TypeII サブシステムに、TensorFlow をインストールし、**NVIDIA NGC** の TensorFlow[12] に梱包されている **ResNet50**[14] を呼び出す例を示します。

いま、このプログラムを `resnet.py` とします。このとき、以下のハイパーパラメタの設定があるとします。

```
default_args = {
    'image_width' : 224,
    'image_height' : 224,
    'distort_color' : False,
    'momentum' : 0.9,
    'loss_scale' : 128.0,
    'image_format' : 'channels_last',
    'data_dir' : None,
    'data_idx_dir' : None,
    'batch_size' : 256,
    'num_iter' : 300,
    'iter_unit' : 'batch',
```

```
'log_dir' : None,
'export_dir' : None,
'tensorboard_dir' : None,
'display_every' : 10,
'precision' : 'fp16',
'dali_mode' : None,
'use_xla': False,
'predict' : False,
}
```

　これらのハイパーパラメタは、ResNet50 で得られるモデルの精度に影響するため、パラメタチューニングが必要です。ここでは、バッチサイズのパラメタ'batch_size' : 256, の自明並列性（パラメタサーベイ）による並列化を考えましょう。

　ここで、16、32、64、128、256、512 の 6 通りのバッチサイズを考えます。このとき、スパコンジョブ投入のためのシェルスクリプトを、job_tf_resnet_p1.sh〜job_tf_resnet_p6.sh を用意し、それぞれ、指定の 6 通りのバッチサイズが記載されているファイルが用意できるとします。このとき、スパコンに 6 つのジョブを投入すれば、スパコンのジョブ実行の仕組み（スケジューラ）を通して、同時に 6 つの学習ができます。

　たとえば、palsub.bash という bash スクリプトを以下のように用意します。

```
#!/bin/bash
for i in `seq 1 6`
do
  echo "submit="$i
  echo "pjsub job_tf_resnet_p"$i".sh"
  pjsub job_tf_resnet_p$i.sh
done
```

　このとき、

```
$ ./palsub.bash
```

と、コマンドラインで入力すると、スパコンに以下のジョブが自動で投入されます。たとえば、スパコン「不老」TypeII サブシステムでは、以下のような出力となります。

```
submit=1
pjsub job_tf_resnet_p1.sh
[INFO] PJM 0000 pjsub Job 1281326 submitted.
submit=2
pjsub job_tf_resnet_p2.sh
[INFO] PJM 0000 pjsub Job 1281327 submitted.
submit=3
pjsub job_tf_resnet_p3.sh
[INFO] PJM 0000 pjsub Job 1281328 submitted.
submit=4
pjsub job_tf_resnet_p4.sh
[INFO] PJM 0000 pjsub Job 1281329 submitted.
submit=5
pjsub job_tf_resnet_p5.sh
[INFO] PJM 0000 pjsub Job 1281330 submitted.
submit=6
pjsub job_tf_resnet_p6.sh
[INFO] PJM 0000 pjsub Job 1281331 submitted.
```

　ここで、pjsub は、スパコン「不老」にジョブ投入するコマンドですが、自動で 6 つのジョブが投入されました。そこで、スパコンのジョブ実行を確認するコマンドで状況を確認すると、以下のように出力されます。

```
JOB_ID    JOB_NAME   MD ST  USER     START_DATE
1281326   job_tf_res NM RUN aXXXXXa  09/03 22:12:41
1281327   job_tf_res NM RUN aXXXXXa  09/03 22:12:42
1281328   job_tf_res NM RUN aXXXXXa  09/03 22:12:42
```

```
1281329    job_tf_res NM RUN aXXXXXa  09/03 22:12:41
1281330    job_tf_res NM RUN aXXXXXa  09/03 22:12:41
1281331    job_tf_res NM RUN aXXXXXa  09/03 22:12:42
```

以上では、ST（ステータス）が RUN となっており、同時に 6 つのジョブが動いていることがわかります。このように、スパコンなどの GPU がたくさん搭載している計算機環境においては、機械学習のパラメタサーベイの並列化が簡単にできます。

4.3.3　並列実行の効果

ここでは一例として、前節の ResNet50 におけるバッチサイズのパラメタサーベイの効果を紹介しましょう。

前節のバッチサイズ 256 の実行では、以下のような学習の各反復における情報が出力される例です。

```
2023-09-03 22:17:53.464303:
  I tensorflow/core/common_runtime/gpu/gpu_device.cc:1510]
  Created device /job:localhost/replica:0/task:0/device:GPU
  :0 with 30999 MB memory:  -> device: 0, name:
  Tesla V100-SXM2-32GB,
  pci bus id: 0000:3d:00.0, compute capability: 7.0
2023-09-03 22:17:59.609154:
  I tensorflow/compiler/mlir/mlir_graph_optimization_pass.
  cc:185]
  None of the MLIR Optimization Passes are enabled
  (registered 2)
2023-09-03 22:18:06.184482:
  I tensorflow/stream_executor/cuda/cuda_dnn.cc:381]
  Loaded cuDNN version 8204
  PY 3.8.10 (default, Jun  2 2021, 10:49:15)
  [GCC 9.4.0] TF 2.6.0
Script arguments:
```

```
--image_width=224
--image_height=224
--distort_color=False
--momentum=0.9
--loss_scale=128.0
--image_format=channels_last
--data_dir=None
--data_idx_dir=None
--batch_size=256
--num_iter=300
--iter_unit=batch
--log_dir=None
--export_dir=None
--tensorboard_dir=None
--display_every=10
--precision=fp16
--dali_mode=None
--use_xla=False
--predict=False
--dali_threads=4
global_step: 10 images_per_sec: 99.6
global_step: 20 images_per_sec: 1130.2
global_step: 30 images_per_sec: 1123.1
  < 省略 >
global_step: 280 images_per_sec: 1122.7
global_step: 290 images_per_sec: 1123.7
global_step: 300 images_per_sec: 1108.7
300/300 - 92s - loss: 8.5683 - top1: 0.8399 - top5: 0.8675
epoch: 0 time_taken: 91.7
```

　以上の実行では、300 反復における学習の結果得られた機械学習モデルの

精度を loss: 8.5683 で表示します。また、300 反復の学習時間を秒で表示
します。このとき、ハイパーパラメタをチューニングすることで、得られる
機械学習モデルの精度をできるだけ高めることが、ハイパーパラメタチュー
ニングの目的です。

表 4.1 に、バッチサイズのパラメタサーベイ結果を示します。

表 4.1 から、最も精度がよいバッチサイズは 256 であることがわかります。
また、以上のパラメタサーベイを逐次実行したときの合計時間は 415.0[秒]
です。

以上を並列実行すると、どうなるでしょうか？

前項の方法で、スパコン「不老」の GPU を 7 枚利用して、各パラメタサ
イズの機械学習は並列に動作することを示しました。結論は、最も時間のか
かるバッチサイズの学習である 151.4[秒] で、すべての学習が終了できます。
すなわち、415[秒] から 151.1[秒] に加速され、この場合は約 2.7 倍の並列化
による速度向上を達成できました。

一般に、機械学習は大量のデータを扱うため、1 回の実行で数日レベルの実
行が必要になります。したがって実用的なデータセットで学習する場合、よ
り高精度な機械学習モデルを得るためのハイパーパラメタサーベイ処理の並
列化加速の効果は、逐次処理で数週間〜1 か月レベルの処理が並列処理によ
り 1 日程度で行えることになります。したがって、並列処理による恩恵がよ
り大きくなります。

以上が、近年注目されている機械学習を並列化する典型的事例です。

表 4.1　ResNet50 の実行結果

バッチサイズ	loss	実行時間 [秒]
16	10.4031	32.2
32	9.8355	34.9
64	9.1654	43.6
128	8.6259	60.7
256	8.5702	92.2
512	8.9594	151.4
合計時間		415.0

4.4　本章のまとめ

　本節では、近年注目を浴びている機械学習の並列化のやり方について、事例を挙げて説明しました。

　機械学習は多種多様な手法がありますが、ここでは、**深層学習（ディープラーニング）** の事例を紹介しました。ディープラーニングは、**ニューラルネットワーク (NN)** を多層化した**ディープニューラルネットワーク (DNN)** を採用した機械学習の方法です。

　DNN には、入力層、隠れ層、出力層があります。また、全結合していない NN を用いた**畳み込みニューラルネットワーク (CNN)** を扱うことが多いです。加えて、機械学習のやり方は多種ありますが、ここでは、**教師あり学習**の事例について紹介しました。また現在、DNN の計算に特化したハードウェア機能を実装しているため高速計算ができるため、GPU が深層学習で使われています。

　機械学習の処理として、まず、大量なデータセットを用意する必要があります。また、データセットは一度に全部学習することができないため、データセットを分割して学習します。また、データセットの使い方として、**訓練データ**、**検証データ**、**テストデータ**があることを説明しました。加えて、データセットの分け方と学習のやり方に関する概念である、**バッチサイズ**、**反復数**、**エポック**について説明しました。

　また上記のバッチサイズや、DNN のネットワーク構造（隠れ層の数、隠れ層の 1 総当たりのノード数など）に関して、学習前にユーザが設定する必要があるパラメタがあること、さらに、そのパラメタは、生成される機械学習モデルの精度に大きな影響を与えるものであることを説明しました。これらは、**ハイパーパラメタ**と呼ばれます。ハイパーパラメタのチューニングは、機械学習においては本質的で重要な処理になります。

　一方、このハイパーパラメタのチューニングは、並列処理の観点では**自明並列**で、簡単に、かつ効率的に実装できることを説明しました。

　並列処理の観点では、深層学習の並列化は、**データ並列性**と**モデル並列性**

があります。双方、利点と欠点があることを説明しました。また、より大規模な機械学習モデルの生成には、データ分散を伴う機械学習の並列化が必要であることを説明しました。

　最後に具体的事例として、名古屋大学情報基盤センターのスーパーコンピュータ「不老」を利用した例を示し、**ResNet50 の機械学習**処理におけるバッチサイズ最適化の事例を紹介しました。

　以上のように、人工知能や機械学習分野においても、並列処理は欠かせない基盤技術であり、既に広く浸透していることが理解できたかと思います。

4.5　演習問題

4-1. 自分の PC に TensorFlow などの深層学習のフレームワークをインストールし、適切なサンプルプログラムを実行せよ。その際、バッチサイズなどのハイパーパラメタのチューニングを行ってみよ。

4-2. 複数の GPU が使える環境で、5-1 のハイパーパラメタのチューニングを、並列化により高速化せよ。

4-3. データ分散（複数ノード実行）が可能な深層学習のフレームワークを調査せよ。可能であれば、データ分散により機械学習処理を並列化せよ。

第5章

憧れの分散並列化へ！

　本章では、第2章以降で行ってきた並列化を基盤として、分散並列化の方法について解説します。メモリが共有されている状況での並列化であるノード内並列化に始まり、分散されたメモリに対する並列化であるノード間並列化（分散並列化）への展開時に必要となる、並列処理のツボについて解説します。

5.1　ノード内並列化

5.1.1　概要

　まず、並列処理の敷居が低いとされるノード内並列化 (**Intra-Node Parallelization**) について説明します。

　ノード内並列化とは、複数の PE で共通に参照されるメモリを前提とした並列化です。ここで、複数の PE で共通に参照されるメモリのことを、**共有メモリ** (**Sheard Memory**) と呼びます。共有メモリを用いた並列化で現在、多く使われている並列化の言語が **OpenMP**[4, 5] です。

5.1.2　実例

　ここでは OpenMP を用いた並列化を検討してみましょう。結論は、第2章で説明しているように、第2章で行った並列化がそのまま OpenMP での並列化の方法となります。第2章の行列–行列積の並列化の結果（並列計算をエミュレートする実装）を以下に再度示します。

```
<1> ib = n / NP;
<2> for (i_pe=0; i_pe<NP; i_pe++) {
<3>   i_start = ib*i_pe;
```

```
<4>   if (i_pe != (NP-1)) i_end = ib*(i_pe+1);
<5>   else i_end = n;
<6>   for(i=i_start; i<i_end; i++) {
<7>     for(j=0; j<n; j++) {
<8>       for(k=0; k<n; k++) {
<9>         C[i][j] += A[i][k] * B[k][j];
<10>       }
<11>     }
<12>   }
<13> }
```

　以上のコードは、各 PE のループである i_pe ループについて並列実行可能であるように構成したので、ループ内にデータ依存はありません。したがって、i_pe ループに直接、OpenMP の並列化を記載することで、並列化できます。すなわち

```
#pragma omp parallel for private(i_start,i_end,i,j,k)
firstprivate(ib)
<2> for (i_pe=0; i_pe<NP; i_pe++) {
<3>   i_start = ib*i_pe;
        ＜ 以下省略 ＞
<13> }
```

　ここで、以上の並列化では、6 行の i ループについて、各スレッドで担当するループの長さ i_end ～ i_start ＋ 1 について、自ら定義したブロック分散をしているといえます。これは、3 行 ～ 5 行で定義していますが、処理を煩雑にする原因となっています。

　このデータ分散は、一般的に、ノード並列化される言語で定義されていて、ユーザが直接書かなくてよいことが多いです。OpenMP でも特に指定しなくても、ブロック分散になるように仕様で決まっています。そこで、第 3 章で解析したように、このコードでは、i ループにデータ依存はなく、並列化できることがわかっているとする場合、以下のように 1 行で記載可能です。

```
#pragma omp parallel for private(j,k)
<6> for(i=0; i<n; i++) {
<7>   for(j=0; j<n; j++) {
<8>     for(k=0; k<n; k++) {
<9>       C[i][j] += A[i][k] * B[k][j];
<10>    }
<11>  }
<12> }
```

　なお、性能向上のため、デフォルトとなっているループ i のデータ分散を変更することが必要となることがあります。この方法の解説は、拙著 [4] などの OpenMP の解説本に譲ります。

　またスレッド並列化では、実行時にスレッド数の設定をして実行を行います。OpenMP では、環境変数 OMP_NUM_THREADS に並列数を設定して、実行します。

　このスレッド数は性能に影響するため、チューニングして最高速となるスレッド数を指定する必要があります。たとえば、実行可能ファイルを mat-mat とするとき

```
$ export OMP_NUM_THREADS=4
$ ./mat-mat
```

　と入力して実行する必要があります。

　以上の方法で、スレッド並列化が可能になります。

5.2　ノード間並列化

5.2.1　概要

　ここでは、メモリが分散されている並列計算機における並列化のツボについて説明します。メモリが分散している並列計算機のことを、**分散メモリ型並列計算機 (Distributed Memory Parallel Computer)** と呼びます。分散メモリ型並列計算機を用いた並列化が、ノード間並列化 (**Inter-node Parallelization**) です。

　ノード間並列化は、並列化の最終形態といえます。その理由は、前節で説明したノード内並列化の並列性では 2023 年現在、通常の計算機ではたかだか 200 並列ぐらいです。また、問題サイズの大きさは搭載しているメモリに依存します。2023 年現在、通常の計算機で最もメモリを積んでいるものでも 1 TB ぐらいです。ですので、それを超える問題サイズのプログラムは実行できません [1]。

　一方、ノード間並列化では利用するノード数だけ問題サイズを大きくできます。たとえば、1 ノードあたりのメモリ量が 256 GB でも、100 ノードを使うと 25 TB のメモリで実行したことと同じになります。つまり、利用するノード数が大きければ大きいほど、利用する実メモリ量の増加が見込めます。このように、ノード数に比例して計算やメモリ量の規模を大きくできる性質を、**スケーラビリティ（Scalability）** といいます。ノード間並列化は、スケーラビリティがある並列化です。

　ノード間並列化を行う方法は、主に、**MPI** を使った並列プログラミングになります。C 言語、もしくは、Fortran 言語から MPI を呼び出し、PE 間通信を明記して行います。MPI 実装の詳細は、拙著 [1]、もしくは Pacheco の解説 [3] に譲ります。

　ここでは、MPI 実装をする前の並列化の検討を示すことで、分散並列プログラミングのツボの習得を目指します。

5.2.2　ノード間並列化の手順

　ノード間並列化は、ノード内並列化と比較すると、複雑度が増します。並列化をするポイントがわかっていても、いきなり並列化をすると、動作するプログラムを作成することすら困難となることが多いです。そこで、段階を経て並列化を行う方が、開発の時間を減らせる場合が多いです。ここでは、経験的な手順を示します。

　1. 並列化する場所（ここではループレベル）を検討する。
　2. 逐次プログラムと同じ配列サイズを確保し、対応ループに対して、各

---

　1)　実は、メモリサイズを超える実行も可能です。仮想メモリを利用すると、より大規模な実行ができます。しかし、仮想メモリでの実行は性能劣化が一般に激しいため、大規模な数値計算では実行時間の観点から実用的ではありません。

PE で実行する開始値と終了値を設定する実装をする。

3. 手順 2 の並列実装でデバッグを行い、正常動作を確認する（場合により、通信処理を実装する）。

4. 手順 3 で完成した並列プログラムに対して、各 PE で必要な配列サイズしか確保しないように、実装を変更する。

5. 手順 4 の並列実装でデバッグを行い、正常動作を確認する（場合により、通信処理を実装する）。

ここで、手順 2 は、第 2 章で示した並列計算をエミュレートする実装そのものになります。ですので、並列計算機の実機を利用せず、並列化の動作確認が可能です。

また、手順 4 の実装も、並列計算機を使わず、並列計算をエミュレートする実装で動作チェックをすることができます。

加えて、手順 3、5 での通信処理も、通信をするような処理を逐次処理エミュレートすれば、並列計算機を利用せず、並列プログラミングの評価をすることができます。

では次項で、実例を示しながら、この方法を説明します。

5.2.3　実例 1：通信処理不要で各 PE で冗長に配列確保

ここでは、ノード間並列化をする際の事例で、通信処理が不要な事例について説明します。

ここで、並列化の対象を再度、行列–行列積のプログラムとします。第 2 章の行列–行列積の並列化の結果（並列計算をエミュレートする実装）を、以下に再々度示します。

```
<1> ib = n / NP;
<2> for (i_pe=0; i_pe<NP; i_pe++) {
<3>   i_start = ib*i_pe;
<4>   if (i_pe != (NP-1)) i_end = ib*(i_pe+1);
<5>   else i_end = n;
<6>   for(i=i_start; i<i_end; i++) {
<7>     for(j=0; j<n; j++) {
```

```
<8>       for(k=0; k<n; k++) {
<9>         C[i][j] += A[i][k] * B[k][j];
<10>      }
<11>    }
<12>  }
<13> }
```

　この実装は、ノード間並列化での実装そのものになっています。実機での動作の違いは、i_pe のループが不要な点です。なぜなら、実機では並列動作しているため、同時に上記のプログラムが動いており、かつ、自分が担当するループの範囲である i_start と i_end は、各 PE で個別の変数として定義されており、異なる値が設定されているからです。

　まとめると、並列計算機の実装（たとえば、C 言語と MPI を用いた実装）では、以下のコードだけを記載することになります。

```
<1> ib = n / NP;
<2> i_start = ib*i_pe;
<3> if (i_pe != (NP-1)) i_end = ib*(i_pe+1);
<4> else i_end = n;
<5> for(i=i_start; i<i_end; i++) {
<6>  for(j=0; j<n; j++) {
<7>    for(k=0; k<n; k++) {
<8>      C[i][j] += A[i][k] * B[k][j];
<9>    }
<10> }
<11>}
```

　ここで、以上の実装では、各 PE ごとに、重複した配列 A[N][N]、B[N][N]、C[N][N] がとられることに注意してください。すなわち、PE 数を NP とするなら、総合的に確保されるメモリ量は逐次計算時の NP 倍になります。また、実行できる問題サイズ N は、PE 数（＝ノード数）を増やしても、ノード内のメモリ量に制限されます。すなわち、ノードに 256 GB のメモリを積

んでいる並列計算機の場合、何ノード使った実行でも、最大の問題サイズ N は 256 GB のメモリで実行できる大きさになります。すなわち、メモリ量に対する**スケーラビリティがない並列プログラム**です。

別の視点では、以上のプログラムにおける配列 A、B、C は、大域ビューと局所ビューによる配列が同一になっている、ということを確認してください。

5.2.4 実例 2：通信処理不要で各 PE が必要最低限の配列確保

前項の実例 1 は、メモリ量のスケーラビリティがない並列プログラムでした。これは、ノード間並列化においては大問題です。なぜなら、ノード間並列化で記載される効果は、ノード数に比例した高速化に加えて、ノード数に比例して大きな問題が解けることがあるからです。そこで、メモリ量のスケーラビリティを保証する並列プログラムに変更することを考えます。

メモリ量のスケーラビリティを保つには、各 PE で確保される配列サイズ N は、PE 数 NE で割った数にならないといけません。つまり、N/NP のサイズの配列を確保して並列実行する必要があります。したがって、各 PE で必要最低限となる配列確保をする必要があります。

一般に、各 PE で必要最低限となる配列確保をすると、以下の問題が生じます。

1. ループ並列化する場合、ループの開始値と終了値が変わる。加えて、配列でループ変数を参照するやり方が変わること
2. 通信処理が必要となること

ここではまず、2 の通信処理が不要となる前提を置き、そのために一部、各 PE で配列を重複することで、メモリに関するスケーラビリティを改善する方法を検討します。

再度、行列–行列積のコードを検討します。行列–行列積の計算で、行列 A、C を行方向ブロック分散するとします。これは、i ループを並列化したことになります。このとき、並列実行したデータアクセスを、図 5.1 に示します。

図 5.1 から、行列 B は、各 PE で同時にアクセスされることがわかります。したがって、行列 B をデータ分散してしまうと、分散メモリ型並列計算機では、自分の PE のメモリにデータがないため、通信が必要になります。

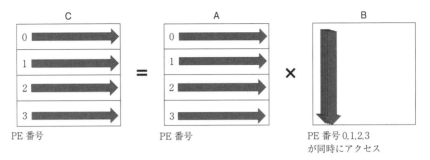

図 **5.1**　行列–行列積の並列化時のアクセス

　そこでここでは、**行列 B はデータ分散せず重複して各 PE に所有すること**にします。逆に行列 B をデータ分散しないと、**通信なしで並列実行ができる**ことがわかります。

　ここでは、配列 A と C について、各 PE で必要な領域しか確保しないとしました。これは、前項の例と異なり、大域ビューとは異なる局所ビューの配列を PE ごとに確保することを意味します。そこで、以下のように、並列 A と C は、局所ビューの配列を確保します。

```
double   A_local[N/NP][N][NP];
double   B[N][N];
double   C_local[N/NP][N][NP];
```

　ここで、PE 総数は NP で宣言されていると仮定しますので、N/NP により、各 PE が必要な領域だけ配列確保しています。この配列確保をもとに、以下のように記載できます。

```
ib = n / NP;
i_start = 0;
i_end = ib;
for (i_pe=0; i_pe<NP; i_pe++) {
  for(i=i_start; i<i_end; i++) {
    for(j=0; j<n; j++) {
      for(k=0; k<n; k++) {
```

```
        C_local[i][j][i_pe]+=A_local[i][k][i_pe]*B[k][j];
      }
    }
  }
}
```

　以上では、i ループの開始値が 0〜ib に固定されている点に注意してください。この範囲以外で、配列 A_local と C_local にアクセスすると、配列確保されていない領域のため、バグになります。またその理由から前項の、単純なループ範囲の変更だけでは並列化できません。ですので、各 PE に必要なデータしか確保しない方法は、逐次からのプログラム書き換えの手間が増加することがわかります。

　一方メリットは、メモリ量に関するスケーラビリティがある点です。最もこの例では、配列 B がデータ分散されていないため完全ではありませんが、それでもメモリ量に関するスケーラビリティは改善されています。

5.2.5　実例 3：通信処理を入れ込む場合

　前項の並列化では、一部の配列を分散しないことで、通信なしで並列化をしました。ここでは、完全なメモリに関するスケーラビリティの達成を目指して、通信を行っても、すべての配列を各 PE に分散する方法で並列化を行ってみましょう。これが、最終的に目指す、分散並列化のプログラムです。

　ここで、再度、行列–行列積のプログラムに戻ります。図 5.1 の行列–行列積のデータアクセスパターンから、行列 B は列方向にデータ分散すべきことがわかります。そこで、配列 B を、列方向ブロック分散にします。ここで配列宣言は、以下のようになります。

```
double   A_local[N/NP][N][NP];
double   B_local[N][N/NP][NP];
double   C_local[N/NP][N][NP];
```

　ここで、すべての配列が局所ビューで確保されている点に注意します。また、配列 B も、列次元に N/NP の要素数の確保がされており、すべての配列が各 PE で必要な分だけ確保されていることがわかります。

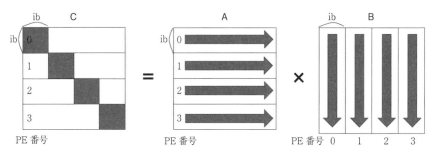

図 5.2　行列–行列積の完全分散時の並列アクセス（ステップ 1）

　次に、アルゴリズムを考えます。いま、各 PE に必要データである配列 A と B が分散されているため、まずは、各 PE が並列に所有データを用いて行列–行列積をします。ここで、4PE を用いる場合で考えます。この状況を、大域ビューで示したもの（ステップ 1）を、図 5.2 に示します。

　ここで、図 5.2 では、行列 C の計算結果に関して、分散されているデータだけでは、行列 C の一部しか計算できないことに注意してください。さらに、計算される結果は、この場合（ブロック分散）では、ib × ib の部分行列のみになります。また、各 PE で、計算結果が収納される場所が異なります。大域ビューで見ると、ブロック対角部分になります。

　次に、計算を進める場合、どうなるかを検討します。行列 A か B のどちらかを、通信処理でデータを動かして、自分以外の PE からデータを受け取る必要があります。ここでは、行列 B のデータを移動させるとします。

　次に、行列 B のデータの動かし方を検討します。いろいろな方法があります。ここでは単純に、各 PE が持っているデータを、自分の左隣に転送する方法とします。ここで、自分の左隣とは、自分の PE 番号を i_{pe} とするとき

$$転送先の PE 番号 = i_{pe} - 1 \tag{5.1}$$

とします。ここで、0 番 PE は上記の番号が −1 になってしまいますので、0 番 PE のみ例外的に、$NP - 1$ 番の PE に転送することにします。以上のようにデータを送ると、大域ビューでは、循環してデータ転送をしていることになります。

　さて次に、転送したデータを受け取る配列が必要になります。なぜなら、自分の全データを送る指定をする際に配列 B_local を指定して、受け取りも配

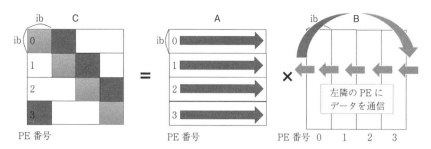

図 5.3 行列–行列積の完全分散時の通信と並列アクセス（ステップ 2）

列 B_local を指定すると、通信データに値が上書きされ、正しい通信ができない可能性があるからです。この受信用の配列は、配列 B_local と同様のサイズが必要になります。これを、以下のように宣言します。

```
double  B_recv[N][N/NP][NP];
```

以上を行った行列–行列計算のアクセスパターン（ステップ 2）を、図 5.3に示します。

図 5.3 では、通信により得られたデータを用いて各 PE で並列実行される行列–行列積の結果である ib × ib の部分行列の収納場所が、ステップ 1 よりも ib だけ、右にずれた位置になります。あと、N を超える場合、収納場所が 0 に戻ります。

以上をまとめると、この 4PE をまとめる場合、もう 2 ステップ分行うと、完全な行列–行列積の結果が得られることがわかります。すなわち、いま NP個の PE で実行する場合は、NP ステップが必要です。ただし、最後のステップでは、通信処理は不要になります。

以上のアルゴリズムを考慮して、プログラムを記載します。以下のようなプログラムになります。

```
ib = n / NP;
for (istep=0; istep<NP; istep++) {
  for (i_pe=0; i_pe<NP; i_pe++) {
    /* PE内の計算処理 */
    i_gap = ib*(i_pe+istep)%N;
```

```
   for (i=0; i<ib; i++) {
     for (j=0; j<ib; j++) {
       for (k=0; k<n; k++) {
         C_local[i][j+i_gap][i_pe] +=
           A_local[i][k][i_pe] * B_local[k][j][i_pe];
       }
     }
   }
 }
 /* 通信の模倣 */
 if (istep != NP-1) {
   for (i_pe=0; i_pe<NP; i_pe++) {
     i_sendpe = i_pe - 1;
     if (i_sendpe < 0 ) i_sendpe = NP - 1;
     for (k=0; k<n; k++) {
       for (j=0; j<ib; j++) {
         B_recv[k][j][i_sendpe] = B_local[k][j][i_pe];
       }
     }
   }
   /* 受信データの書き戻し */
   for (i_pe=0; i_pe<NP; i_pe++) {
     for(k=0; k<n; k++) {
       for(j=0; j<ib; j++) {
         B_local[k][j][i_pe] = B_recv[k][j][i_pe];
       }
     }
   }
 }
} /* ステップ反復の終了 -------- */
```

　以上のプログラムでは、PE 内の計算処理で局所ビューでの行列–行列積を行っています。ポイントは、各 PE で結果を入れ込む位置が、PE 番号とステップごとに異なるのですが、`i_gap=ib*(i_pe+istep)%N;` で、入れ込む位置を計算していることです。

　また、ノード間通信に相当する実装は、「通信の模倣」で行っています。実際は、MPI では、`MPI_send` と `MPI_recv`、もしくは、`MPI_sendrecv` で実装可能です。詳細は、拙著 [1] などをご参照ください。

　MPI プログラミングは実際の並列計算機がないと実装できないと思えるのですが、並列計算機を模倣するプログラムを作成することで、**手元の PC を用いて分散並列プログラミングの実装を検証できる**というのが、ここでの指摘です。この方法により、実際の並列プログラムの開発工数の短縮が見込める場合があります。

5.3　ハイブリッド並列化

　スーパーコンピュータなど、ノード数の非常に大きな並列計算機で有効となる**ハイブリッド並列化 (Hybrid Parallelization)** のやり方を解説します。

　ハイブリッド並列化とは、ノード間並列化の並列化方法の MPI などの並列化に加えて、異なる形式の並列化を同時に行う並列化の方法です。たとえば、ノード間並列化に MPI を利用し、同時に、ノード内並列化に OpenMP を用いる、**ハイブリット MPI-OpenMP 並列化 (Hybrid MPI-OpenMP Parallelization)** がその一例です。

　ここで、そもそもなぜ、並列数（ノード数）の大きな並列計算機では、ハイブリッド並列化が必要なのか説明します。いま、1 ノードあたり 64 個の PE をもち、全体で 100 ノードある並列計算機があるとします。そうすると全体の PE 数は 64PE × 100 ノード ＝ 6400PE となります。今まで行ってきたノード間並列化では、PE 単位で行うので、6400PE による並列実行になります。すなわち、通信相手は、6400 個になります。

　一方で、プログラムがノード内並列化とノード間並列化を併用する、ハイブリッド並列化ではどうなるでしょうか？

　ここでノード内は、通信を必要としない方法で並列化します。たとえば、

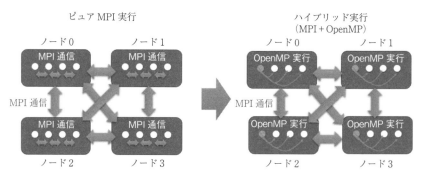

図 5.4 ハイブリッド **MPI-OpenMP** 実行の例（**4 ノード、1 ノードあたり 4PE**）

OpenMP による実装です。通信に関与するのは、1 ノード 64PE のうちの 1PE になります。そうすると、全体は 100 ノードですから、通信に関与するのは 100 個になります。

以上のように、ハイブリッド並列化を用いないと通信相手が 6400 個であるのに対して、ハイブリッド並列化をすると 100 個になり、通信相手が 64 分の 1 になります。この結果、ノード数が極めて多い場合に、同じ処理をする条件でも通信時間が削減し、全体実行時間の削減が期待できます。具体的には、現在、並列数が 1 万並列以上になると、ハイブリッド並列化での実行が推奨されます。

ここで、ハイブリッド実行するためのノード内の並列化には、複数の方法があります。先ほど説明した OpenMP のほかに、近年では、**GPU (Graphics Processing Unit)** を利用した並列計算機もあるため、GPU をノード内計算の PE に使うこともあります。この場合は、GPU における計算で使われる OpenACC[6, 7] などが相当します。また、OpenMP と OpenACC の併用もあります。

ここでは、MPI をノード間並列化、OpenMP をノード内並列化に採用した例で、再度説明します。図 5.4 に、4 ノード、1 ノードあたり 4PE の並列計算機における、ハイブリッド MPI-OpenMP 実行の例を示します。

図 5.4 では、MPI だけの実行があります。この実行形態を、ハイブリッド実行に対して、**ピュア MPI 実行 (Pure MPI Execution)** と呼びます。ここで注意すべきは、MPI などの分散メモリ型並列計算機を対象とした通信ラ

イブラリは、ソフトウェア的にシステムが構築されているため、たとえハード的に共有メモリになっていても、分散メモリ型並列計算機として稼働することです。すなわち、図 5.4 のピュア MPI 実行では、ノード内は共有メモリにもかかわらず、分散メモリとして動作するため、通信処理が発生します。これが、通信量増加の問題につながってしまうのです。

以上が、ハイブリット並列化の概要です。

一方、ハイブリッド並列化では、チューニングすべき要因が増えます。今まで並列化の数は PE 数 NP だけで、それが性能を決める要因でした。それがハイブリッド並列化になると、ノード内並列化の数 T（たとえば、OpenMP のスレッド数）と、ノード間並列化の数 P（たとえば、MPI のプロセス数、正確には通信をする PE 数と見たほうがよい）の要因が入ってきます。これが、NP 以下になる制約があります。すなわち

$$NP \leq P \times T \tag{5.2}$$

となるように、P と T が設定可能であり、これらの値により性能が変化します。一方、プログラムは P と T の値に関係なく動くようにできます。P と T 値で、実行時間だけ変化すると考えてください。具体的にどのように設定するとよいかは拙著 [4] 等をご参照ください。

さてここでは、行列–行列積のコードを MPI と OpenMP を想定したハイブリッド MPI の実行を検討してみましょう。結論は、MPI を想定して並列化したループに OpenMP の記載を入れるだけで、ハイブリッド並列化が完了します。なぜなら MPI 並列化したループには並列性があり、それは OpenMP による並列化でも活用できるからです。

以下に、先ほどの行列積のコードに、OpenMP の並列化指示行を入れた部分のみを示します。

```
/* PE 内の計算処理 */
    i_gap = ib*(i_pe+istep)%N;
#pragma omp parallel for private(j,k)
    for (i=0; i<ib; i++) {
      for (j=0; j<ib; j++) {
```

```
    for (k=0; k<n; k++) {
      C_local[i][j+i_gap][i_pe] +=
          A_local[i][k][i_pe] * B_local[k][j][i_pe];
    }
  }
 }
}
```

5.4   実例：疎行列‒ベクトル積でのハイブリッド並列化例

　ここでは、本章での学習のしあげとして、第3章で示した列方向ブロック・サイクリック分散を行った、疎行列‒ベクトル積演算を、ハイブリッド並列化してみましょう。再度、主演算を以下に示します。

```
for (i_pe=0; i_pe<NP; i_pe++) {
  i_local[i_pe] = 0;
}
for (i_pe=0; i_pe<NP; i_pe++) {
  for (i=0; i<n; i++) {
    if (i_pe == (i/NB) % NP) {
    s = 0.0;
    for (j_ptr=IRP[i]; j_ptr <=IRP[i+1]-1; j_ptr++) {
      s += VAL_local[i_local[i_pe]][i_pe] * X[ICOL[j_ptr]];
      i_local[i_pe]++;
    }
    Y[i] = s;
    }
  }
}
```

　ここで、ハイブリッド並列化するには OpenMP の並列化の指示行を入れるだけでよく、対象はデータ分散の i ループです。しかし、1つ問題がありま

す。このループは、局所ビューの観点でループが回っておらず、大域ビューの観点でループを回して、 if (i_pe == (i/NB) % NP) の if 文で所有する PE 番号を計算しています。その実行の都合で、単純に OpenMP ループを挟むことができません。

そこで実装の変更を行います。いま、各局所ビューでのループの終了値を収納する変数を、以下のように宣言します。

```
int     i_end[NP];
```

このとき、ブロック・サイクリック分散時に、i_end[] の値を事前に計算しておきます。以下のプログラムになります。

```
for (i_pe=0; i_pe<NP; i_pe++)  i_end[i_pe] = 0;
for (i=0; i<N; i++) {
  i_pe = (i/NB) % NP;
  i_end[i_pe]++;
}
```

以上の前提で、疎行列–ベクトル積のコードの OpenMP を用いたハイブリッド並列化のコードは以下になります。なお、MPI を用いて並列計算機で実装する場合には、i_pe ループを取り除いたコードになる点に注意します。

```
for (i_pe=0; i_pe<NP; i_pe++) i_local[i_pe] = 0;
for (i_pe=0; i_pe<NP; i_pe++) {
#pragma omp parallel for private(s,j_ptr,i_global)
  for (i=0; i<i_end[i_pe]; i++) {
    s = 0.0;
    for (j_ptr=IRP[i]; j_ptr <=IRP[i+1]-1; j_ptr++) {
      s += VAL_local[i_local[i_pe]][i_pe] * X[ICOL[j_ptr]];
      i_local[i_pe]++;
    }
    i_global = i%NB + (i/NB)*(NB*NP) + NB*i_pe;
    Y[i_global] = s;
```

```
    }
}
```

以上のコードでは道具として、局所ビューでのインデックスから、大域ビューへの計算を行っています。いま、PE 番号 i_{pe} の局所インデックスを i_{local} とすると、大域インデックス i_{global} は、以下の計算になります。

$$i_{\text{global}} = i_{\text{local}} \% NB + (i_{\text{local}}/NB) \times (NB \times NP) + NB \times i_{pe}$$

(5.3)

5.5　本章のまとめ

本章では、大規模な並列化を可能とする分散並列化の方法について説明しました。まず、共有メモリ並列計算機を対象とする並列化である**ノード内並列化**と、分散メモリ並列化を対象とする**ノード間並列化**があることを説明しました。

はじめに、ノード間並列化はノード内並列化に対して複雑なため、段階を分けて並列化を進めるべきであることを説明しました。そして、この手順を説明するため、行列–行列積のプログラムを題材として、通信処理を不要とする場合の 2 例と、通信処理が必要となる場合の 1 例について、具体的なプログラムを示して説明しました。

次に、分散並列化のカギは、ノード数を増やせば増やすほど高速化することや、大きな問題サイズが扱えることであり、その性質のことを、**スケーラビリティ**と呼ぶことを説明しました。具体的に、メモリ量に対してスケーラビリティがある並列プログラムの実装について説明しました。

ノード間並列化に加えてノード内並列化を行った並列化が、**ハイブリッド並列化**です。ハイブリッド並列化することで、ノード数の多い並列環境でも、ノード間並列化だけのプログラムに対して同様の問題を解く場合、通信時間が削減できる可能性があることを説明しました。また、ハイブリッド並列化の方法は多種あり、OpenMP を利用する方法に加えて、GPU を対象にした OpenACC を利用する方法があることを説明しました。

　MPI のみでノード間並列化する実行を、**ピュア MPI 実行**と呼びました。

　ハイブリッド並列化では、ノード内のスレッド数とノード間のプロセス数のパラメタがあります。この 2 種のパラメタを変化させてプログラム変更せずに実行しても、実行時間に差が出ること、つまりスレッド数とプロセス数は、性能チューニングの対象となるパラメタであることを説明しました。

　最後に、疎行列–ベクトル積におけるハイブリッド並列化の実例を紹介しました。

5.6　演習問題

5-1. 行列–行列積のコードを、OpenMP を使って、ノード内並列化せよ。また、スレッド数を変化させて実行し、最高速となるスレッド数を見つけよ。

5-2. 行列–行列積のコードにおいて、ノード間並列化を行う際、各 PE で必要なサイズしか確保しない実装を検討せよ。加えて、検討した実装を、並列計算をエミュレートする方法で実装せよ。

5-3. 行列–行列積のコードにおいて、ノード間並列化を行う際、通信処理が必要な方法を検討せよ。検討した実装を、並列計算をエミュレートする方法で実装せよ。また、OpenMP を用いて、ハイブリッド並列化してみよ。

5-4. 疎行列–ベクトル積でのハイブリッド並列化を、並列計算をエミュレートする方法で実装せよ。

第6章

より深く学ぶために

　本章では、本書の内容をより深く勉強するための関連図書について紹介します。特に、並列プログラミングの観点から、次の段階へ進むための筋道について説明します。

6.1　並列プログラミングの観点から

　本書は並列プログラミングのツボについて解説したものであるため、まずは、プログラミングの観点で関連図書を紹介します。

6.1.1　計算機言語

　並列プログラミングでも、プログラミング言語の基礎を習得することが基本となります。特に並列プログラミングでは、C 言語や Fortran 言語からスタートし並列化を始めることが多いため、それぞれの言語の基礎の習得が必要です。

　C 言語については解説書が多数あります。ここでは、いわゆる原著ともいわれる、カーニハンとリッチーによる『プログラミング言語 C　第 2 版 ANSI 規格準拠』[15] を挙げるにとどめます。

　一方 Fortran 言語は工学部でのプログラミング演習や、計算科学分野などスーパーコンピュータを用いて数値シミュレーションをする際の実用的な数値計算処理で強い需要があるため、現在も新著が多数出版されています。ここでは、松本らの Fortran 言語の解説本 [16] を参考書として挙げます。

　一方、人工知能や機械学習分野では、**Python** が標準的な計算機言語として使われています。本書の例題も並列化対象となる機械学習処理は、Python を前提としています。Python の入門書も多数出版されていますが、たとえ

ば、松浦らの本 [17] があります。

6.1.2　並列処理のための計算機言語

本書は冒頭でも述べた通り、ノード内並列化の **OpenMP** の習得の前後、および、ノード間並列化の **MPI** でのプログラム習得との間の位置づけで執筆しました。

OpenMP としては、拙著の OpenMP の本 [4] を読む前後で、本書の内容を理解すると、OpenMP での並列化のツボが、より一層わかるようになります。

また、MPI プログラミングとしては、拙著の MPI の本 [1] との連結も考慮されています。特に、本書における MPI と OpenMP のハイブリッド並列化の演習を終えた後に、拙著の MPI の書籍で演習を行うと、段階的に並列化の技術を習得できます。一方 MPI プログラミングの書籍としては、Pacheco の本 [3] は MPI プログラムの原典的な位置づけの本です。

OpenMP や MPI プログラミングのオープン資料もあります。たとえば、高度情報科学技術研究機構 (RIST) のセミナー資料 [18] は、参考になる資料といえるでしょう。

6.2　数値計算の観点から

並列処理の主要アプリケーションは歴史的にも数値計算処理であり、数値計算アルゴリズムの学習と同時に、並列処理や並列プログラミングを習得すると効率がよいです。本書でも、**行列–行列積**や**疎行列–ベクトル積**といった、典型的な数値計算処理を事例にして並列化の方法を説明してきました。

まず、基礎的な数値計算アルゴリズムを C 言語と Fortran 言語を用いた演習書として、拙著の C 言語と Fortran 言語による数値計算の演習書 [19] があります。

次に数値計算と Fotran90/95 の習得に良い書籍としては、牛島の本 [20] があります。また牛島の Fortran90 と OpenMP の本 [21] も、Fortran 言語による数値計算から OpenMP を学ぶには良い本です。

最後に、近年 AI 分野で Python の活用が進んでいることから、数値計算

プログラミングを Python を利用して解説する書物も複数出ています。たとえば、幸谷の本 [22] や、渡辺の本 [23] があります。

6.3 機械学習の観点から

人工知能は 2023 年現在、最も注目される技術になっています。特に、**Chat-GPT** に代表される**大規模言語モデル（LLM）**や**生成 AI** の進展が目覚ましいです。またそれらの基となる技術が機械学習です。そのなかでも、深層学習（ディープラーニング）による AI モデル生成が、最も注目されている技術です。

これら AI プログラミングは、機械学習に関する機能が豊富な Python から使われることが多いため、Python を用いた機械学習の演習書が多数出版されています。ここでは、画像認識を中心とした機械学習を Python で学ぶ書籍として、田村らの本 [24] を紹介します。

また、深層学習のアルゴリズムを理解することは、AI プログラミングで要となります。深層学習の書籍としては、岡谷らの本 [25] が著名です。

6.4 今後の展望：自動チューニングの観点から

本書で示した自明並列化の代表例は、パラメタサーベイです。パラメタサーベイのような性能チューニングと連結した処理は、多くの分野で登場します。すでに紹介した、機械学習の**ハイパーパラメタチューニング**が近年では重要処理の１つですが、数値計算分野においては、歴史的にパラメタサーベイが必要な処理が多数存在しています。

たとえば、計算機アーキテクチャに適合させるためのチューニングで、キャッシュサイズに適合するように、本書で紹介したようなデータ分散の幅であるブロック幅を調整するという、パラメタサーベイが必要になることもあります。

このような、性能に関するパラメタのチューニングを自動化する分野に**ソフトウェア自動チューニング (Software Auto-tuning, AT)** の分野があります。

特に機械学習のパラメタチューニングは、Python から連結できる AT 機

能を提供することが望ましいです。その AT 機能を提供しているソフトウェアとして、**Preferred Networks** 社が開発した **Optuna**[26] があります。

　また、主に数値計算処理を対象とした AT の解説書としては、拙著 [27] があります。

　並列化のための AT 技術の開発は、現在、AT 分野でも活発に研究開発されています。今後は AI の適用や拡大がより活発になされていくと予想されます。そして AI の AT 適用は、重要な技術の 1 つになっていくことも予想されます。また、近年実用化が期待されており、基礎研究が盛んである**量子コンピュータ**や、量子関連技術への AT 技術の適用 [28] も開始されています。この量子コンピュータや量子関連技術と、並列化を含む**高性能計算 (High Performance Computing, HPC)** 分野の連携は、今後の注目技術になる可能性があります。いずれにしても、並列処理と AT 技術は、今後も重要な技術の 1 つとなるでしょう。

おわりに

　本書は、OpenMP[4, 5] によるノード内並列化による並列プログラミング
と、MPI (Message Passing Interface)[1, 2, 3] によるノード間並列化（分散
並列化）による並列プログラミング時の間を埋める並列化技術の習得を目標
とした演習書として執筆しました。特に、OpenMP によるノード内並列化か
ら、MPI を用いた分散並列化に移るときに必須となる、**データ分散のやり方**
について、よく使われる方法、具体的な事例、および演習問題を示すことで、
並列化時の基本技術の習得となる説明に注力しました。

　一方、並列処理の演習書としても、今までにない演習のやり方も提示して
います。通常、MPI などの分散並列化をする場合は並列計算機の実機がない
と演習できないのですが、本書では、「**並列計算をエミュレートする方法**」を
示しました。このことで、並列計算機の実機がなくとも、分散メモリ型並列
計算機での実装を考慮した演習を行うこともできます。同時に、MPI を用い
た分散並列化を行う前のアルゴリズムや実装方式の検討にも、この「並列計
算をエミュレートする方法」を使うことができます。このことで、MPI によ
る並列プログラミング時の時間的コストの削減を狙うこともできます。

　加えて本書は、並列処理の基本となる「**自明並列性**」の利用による並列化、
もしくは、**パラメタサーベイ**の実装例と演習問題を示しました。この自明並
列性の活用についても考慮する事例と演習問題を作りました。並列処理の専
門家にとっては、自明並列化はまさに自明な方法ですが、並列処理の初心者
は一切考えない並列化であるというのが、著者の経験です。そのために自明
並列性の活用を、本書では強調して解説しています。

　この自明並列性は、2023 年現在、最も注目されている **ChatGPT** などの**大
規模言語モデル (LLM)** や**生成 AI** で用いられている機械学習の高速化や高精
度モデル生成に寄与する技術です。特にこの自明並列性は、**深層学習（ディー
プラーニング）**における AI モデルや、AI モデル学習時の性能パラメタであ
る**ハイパーパラメタ**のチューニングに利用できます。そのため、ハイパーパ
ラメタチューニングの自動化とともに、ハイパーパラメタチューニング処理
自体の高速化が重要となることを説明しました。特に高速化において、並列

化の観点から自明並列性を活用することが鍵になります。

　以上のパラメタチューニングは、**ソフトウェア自動チューニング (AT)**[27]分野で研究されています。従来は、数値計算における固有の性能パラメタに対して AT を適用することが多かったのです。しかし近年は、AI 技術の適用拡大から、機械学習のハイパーパラメタのチューニングに AT を適用する研究や、そのための AT ツールが開発されています。

　これらの AI 特有のハイパーパラメタチューニングを AT する研究は並列処理の原理としては単純なものの、探索手法としては容易ではない側面があるため、活発な研究がなされています。たとえば、**ロボット制御** [29] や、粗い画像から高精細な画像を推定する**超解像** [30] に現れる機械学習に、AT 技術の適用と評価がなされています。

　また、AI 分野のハイパーパラメタチューニングにとどまらず、量子コンピュータ関連技術にも多くの性能パラメタがあります。そこで、量子コンピュータ関連技術の性能パラメタチューニングに対する AT 技術の適用 [28] にも展開されています。この成果は、**量子コンピュータ**の回路をスパコンで高速・大規模にシミュレーションすることで、応用問題における量子アルゴリズムの研究へも展開されています [31]。そのため、パラメタチューニングの自動化と並列化技術は、従来のコンピュータだけの技術ではなくなっています。

　以上のように、本書は並列プログラミングの入門的位置づけの演習書ですが、これら基本技術の習得後、その後の展開は広範囲にわたると著者は考えています。特に、本書で習得できる並列化技術は、広い分野、かつ、最先端の研究開発基盤になるものと信じております。

　最後に、本書が並列処理を専門としない学部生、大学院生、企業や大学等における研究開発の一助になるのであれば、望外の幸せです。

参考文献

[1] 片桐孝洋 著、スパコンプログラミング入門: 並列処理と MPI の学習、東京大学出版会 (2013/3/12)、ISBN-10: 4-13-062453-9、ISBN-13: 978-4-13-062453-4

[2] Message Passing Interface Forum
http://www.mpi-forum.org/

[3] Peter S. Pacheco 著、秋葉博 訳：MPI 並列プログラミング、培風館

[4] 片桐孝洋 著、並列プログラミング入門: サンプルプログラムで学ぶ OpenMP と OpenACC、東京大学出版会 (2015/5/25)、ISBN-10:4-13-062456-3、ISBN-13:978-4-13-062456-5

[5] OpenMP Forum
https://www.openmp.org/

[6] OpenACC Home
http://www.openacc.org/

[7] OpenACC Organization
http://www.openacc.org/

[8] ChatGPT
https://chat.openai.com/auth/login

[9] TensorFlow による分散型トレーニング
https://www.tensorflow.org/guide/distributed_training?hl=ja

[10] Horovod
https://github.com/horovod/horovod

[11] 名古屋大学情報基盤センター設置　スーパーコンピュータ「不老」
https://icts.nagoya-u.ac.jp/ja/sc/

[12] NVIDIA NGC: TensorFlow
https://catalog.ngc.nvidia.com/orgs/nvidia/containers/tensorflow

[13] Kaiming He, Xiangyu Zhang, Shaoqing Ren and Jian Sun, Deep Residual Learning for Image Recognition, Proc. of 2016 IEEE Conference on Computer Vision and Pattern Recognition (CVPR), (12 December 2016). DOI: 10.1109/CVPR.2016.90

[14] tf.keras.applications.resnet50.ResNet50
https://www.tensorflow.org/api_docs/python/tf/keras/applications/resnet50/ResNet50

[15] B. W. カーニハン、D. M. リッチー 著、石田晴久 訳、プログラミング言語 C 第 2 版—ANSI 規格準拠、共立出版 (1989/06/15)、ISBN-13:978-4-320-02692-6

[16] 松本敏郎、野老山貴行 著、みんなの Fortran—基礎から発展まで、名古屋大学出版会 (2022/4/30)、ISBN-13:978-4-8158-1087-0

[17] 松浦健一郎、司ゆき 著、Python[完全] 入門、SB クリエイティブ (2021/1/22)、ISBN-10:4-8156-0764-8、ISBN-13:978-4-8156-0764-7

[18] セミナー資料 公開ページ (HPCI)
https://www.hpci-office.jp/events/seminars/seminar_texts

[19] 片桐孝洋、大島聡史 著、C & Fortran 演習で学ぶ数値計算、共立出版 (2022/3/19)、ISBN-10: 4-320-12484-7、ISBN-13: 978-4-320-12484-4

[20] 牛島省 著、数値計算のための Fortran90/95 プログラミング入門 [第 2 版]、森北出版 (2020/1/28)、ISBN-10: 4-627-84722-X、ISBN-13: 978-4-627-84722-4

[21] 牛島省 著、OpenMP による並列プログラミングと数値計算法、丸善 (2006/5/25)、ISBN-10:4-621-07717-1、ISBN-13:978-4-621-07717-7

[22] 幸谷智紀 著、Python 数値計算プログラミング、講談社 (2021/3/22)、ISBN-10: 4-06-522735-6、ISBN-13: 978-4-06-522735-0

[23] 渡辺宙志 著、ゼロから学ぶ Python プログラミング——Google Colaboratory でらくらく導入、講談社 (2020/12/17)、ISBN-10: 4-06-521883-7、ISBN-13: 978-4-06-521883-9

[24] 田村雅人、中村克行 著、Python で学ぶ画像認識（機械学習実践シリーズ）、インプレス (2023/3/22)、ISBN-10: 4-295-01599-7、ISBN-13: 978-4-295-01599-4

[25] 岡谷貴之 著、深層学習 [改訂第 2 版]（機械学習プロフェッショナルシリーズ）、講談社 (2022/1/19)、ISBN-10: 4-06-513332-7、ISBN-13: 978-4-06-513332-3

[26] Optuna (Preferred Networks 社)
https://www.preferred.jp/ja/projects/optuna/

[27] 今村俊幸、荻田武史、尾崎克久、片桐孝洋、須田礼仁、高橋大介、滝沢寛之、中島研吾 著、ソフトウェア自動チューニング: 科学技術計算のためのコード最適化技術、森北出版 (2021/9/18)、ISBN-10: 4-627-87221-6、ISBN-13: 978-4-627-87221-9

[28] 森下誠、片桐孝洋、大島聡史、星野哲也、永井亨 著、量子コンピューティングへの自動チューニングの適用と評価、情報処理学会研究報告ハイパフォーマンスコンピューティング (HPC)、2023-HPC-188、No.2、pp.1-7 (2023/3/9)

[29] Soratarou Fujika, Yuga Yajima, Teruo Tanaka, Akihiro Fujii, Yuka Kato, Satoshi Ohshima and Takahiro Katagiri, Parallelization of Automatic Tuning for Hyperparameter Optimization of Pedestrian Route Prediction Applications using Machine Learning, Proceedings of HPCAsia2023, pp.96-105 (2023/2/28)

[30] 楊暄、藤家空太郎、矢島雄河、秋田和俊、藤井昭宏、田中輝雄、浮田宗伯、大島聡史 著、超解像のための機械学習プログラムのハイパーパラメータ最適化に対する自動チューニングの適用、情報処理学会研究報告、Vol.2022-HPC-184、No.5、pp.1-7 (2022/5/4)

[31] Kenji Sugisaki, Srinivasa Prasannaa, Satoshi Ohshima, Takahiro Katagiri, Yuji Mochizuki, Bijaya Kumar Sahoo and Bhanu Pratap Das, Bayesian phase difference estimation algorithm for direct calculation of fine structure splitting: accelerated simulation of relativistic and quantum many-body effects, Electronic Structure, IOP Science, Volume 5, Number 3, pp.035006 (2023/9/12), DOI:10.1088/2516-1075/acf909

附録　演習解答プログラムの利用

利用に関する概要

　本書の演習解答プログラムは、東京大学出版会の本書のページ (`https://www.utp.or.jp/book/b10049710`) よりダウンロードできます。Zip ファイルの解答パスワードは、`sqh5W2BU8zJrAr5bCGzT` です。本書に添付されているサンプルプログラム（演習問題の解答プログラム）には、C 言語、および Fortran90 言語の双方が含まれています。tar 形式で圧縮されています。C 言語、および Fortran90 言語のソースコードが含まれています。

共通ファイル名

　この共通ファイル名は

`<ファイル名>.tar`

です。以下のように tar で展開してください。いま、`Chap2.tar` を対象ファイルとすると、以下のように入力してください。

`$ tar xvf Chap2.tar`

　そのあと、フォルダができます。たとえば、`Exam/`というフォルダができます。そのフォルダの下に、以下のような C 言語と Fortran90 言語の双方のディレクトリが作られます。

`C/` : C 言語用
`F/` : Fortran90 言語用

　以上のフォルダのうち、自分が対象とする言語のフォルダに移動してください。

　以降、C 言語での実行を想定して解説します。Fortran90 言語を利用する方も、基本的には同じ使い方になります。

解答コード

サンプルプログラムは、演習問題の解答コードを収納しています。各自、答えの確認に利用してください。

解答コードで、**OpenMP** により並列化がされているものがあります。その場合は、make コマンドでコンパイルの上で、スレッド数の指定を行ってください。たとえば bash では、以下のコマンドになります（4 スレッドの例）。

```
$ export OMP_NUM_THREADS=4
```

Linux 環境の構築について

本書に添付されているコードは、**gcc** および **gfortran** でコンパイル可能であり、バージョン 11.4.0 (GCC) で動作の確認がなされています。

また、Makefile を使ったコンパイルをしているため、Make 関連のコマンドをインストールしてください。

必要に応じて、自分の環境のコンパイラのコマンド、および、コンパイラのオプションを自分の環境に変更しないと動作しないことがありますので、あらかじめご了承ください。

Cygwin のインストールについて

Windows を使っている人は、Cygwin のインストールをして Linux 環境を構築することができます。ブラウザで、以下のページにアクセスしてください。

```
https://www.cygwin.com/
```

この Web ページにある、Installing Cygwin の見出しから、適切なセットアッププログラムをダウンロードすることで、インストールが可能です。たとえば、以下のプログラムをダウンロードしてください。

Install Cygwin by running setup-x86_64.exe

再度ですが、本サンプルプログラムの実行には、gcc、gfortran、および **make** が必要ですので、Cygwin でのインストール時に示されるインストール対象のチェック時に、これらのソフトウェアのインストールにチェックを入れてください。

計算機環境依存事項の変更方法

コンパイラなどの変更は、ディレクトリ中の **Makefile** の中身の変更を行ってください。

たとえば、**Makefile** 中の C コンパイラ用コマンドの定義である CC= に、利用している計算機環境にある C コンパイラ用コマンドを記載する必要があります。また、C コンパイラ用のコンパイラオプションの定義である CFLAGS= も同様に変更が必要です。

その後、以下のコマンドで実行可能ファイルが出来ます。

```
$ make
```

演習問題の解答と解答プログラム

第 1 章

問題 1-1

ループを展開して考えてみると、以下になる。

```
A[0] = A[1];
A[1] = A[2];
A[2] = A[3];
…
```

以上から、2 行目の A[1] へ代入をするには、1 行目の A[1] の値を A[0] に読み取る必要があるため、**逆依存**がある。

問題 1-2

ループを展開して考えてみると、以下になる。

```
A[0] = A[-1];
A[1] = A[0];
A[2] = A[1];
…
```

以上から、1 行目の A[0] へ代入をしないと、2 行目の A[0] の値が確定せず、2 行目の A[1] の代入ができないため、**流れ依存**がある。

問題 1-3

ind[i] の中身によって、データ依存があるかないか、データ依存の種類が決まる。

たとえば、

```
ind[0] = 1;
ind[1] = 2;
ind[2] = 3;
…
```

のとき、**逆依存**がある（問題 1-1 を参照）。

たとえば、

```
ind[0] = -1;
ind[1] = 0;
ind[2] = 1;
…
```

のとき、**流れ依存**がある（問題 1-2 を参照）。

たとえば、

```
ind[0] = 0;
ind[1] = 1;
ind[2] = 2;
…
```

のとき、**データ依存は存在しない**。

第2章

第 2 章の解答コード（C 言語）を利用するには、以下のように入力します。

```
$ tar xvf Chap2.tar
$ cd Chap2
$ cd C
```

問題 2-1

以下のコマンドを入力する。

```
$ cd 2-1Loop1
$ make
$ ./loop1
```

以下のような実行結果が表示される。

```
search i=0...  failed.
search i=1...  failed.
search i=2...  failed.
search i=3...  failed.
search i=4...  failed.
  <省略>
search i=52...  failed.
search i=53...  failed.
search i=54... find i=54
```

問題 2-2

以下のコマンドを入力する。

```
$ cd 2-2Loop2
$ make
$ ./loop2 < cpi.in
```

以下のような実行結果が表示される。

```
Enter the number of intervals
n=10000000
  pi is approximately: 3.1415926535897309
    Error is: 0.0000000000000622
```

問題 2-3

以下のコマンドを入力する。

```
$ cd 2-3Loop2
$ make
$ ./loop2-div < cpi.in
```

　以下のような実行結果が表示される。

```
Enter the number of intervals
n=10000000
  pi is approximately: 3.1415926535899228
    Error is: 0.0000000000001297
```

問題 2-4

　以下のコマンドを入力する。

```
$ cd 2-4Job
$ make
$ ./find.bash
```

　以下のような実行結果が表示される。

```
i=0
search i=0... failed.
i=1
search i=1... failed.
i=2
search i=2... failed.
i=3
search i=3... failed.
  <省略>
search i=53... failed.
i=54
search i=54... Find i=54
i=55
search i=55... failed.
```

```
  <省略>
i=97
search i=97... failed.
i=98
search i=98... failed.
i=99
search i=99... failed.
```

問題 2-5

以下のコマンドを入力する。

```
$ cd 2-5Loop1rnd
$ make
$ ./loop1-rnd
```

以下のような実行結果が表示される。

```
search i=4...  failed.
search i=27...  failed.
search i=62...  failed.
  <省略>
search i=74...  failed.
search i=64...  failed.
search i=54... find i=54
```

問題 2-6

以下のコマンドを入力する。

```
$ cd 2-6Loop1min
$ make
$ ./loop1-min
```

以下のような実行結果が表示される。

```
search i=4 val:-1.410446
```

```
search i=27 val:0.664237
search i=62 val:-0.065674
search i=29 val:-1.411691
search i=60 val:-1.257224
 <省略>
search i=78 val:-0.343825
search i=11 val:-0.995565
search i=24 val:-0.481399
search i=34 val:-0.319488
search i=51 val:1.412383
min i=73, min value=-1.412965
```

問題 2-7

以下のコマンドを入力する。

```
$ cd 2-7PalSim
$ make
$ ./pal-sim < cpi.in
```

以下のような実行結果が表示される。

```
Enter the number of intervals
n=10000000
ib= 2500000
0: i_start = 1 i_end = 2500000
1: i_start = 2500001 i_end = 5000000
2: i_start = 5000001 i_end = 7500000
3: i_start = 7500001 i_end = 10000000
  pi is approximately: 3.1415926535896697
    Error is: 0.0000000000001235
```

問題 2-8

以下のコマンドを入力する。

```
$ cd 2-8omp
$ make
$ export OMP_NUM_THREADS=4
$ ./pal-sim-omp < cpi.in
```

以下のような実行結果が表示される。

```
Enter the number of intervals
n=10000000
ib= 2500000
0: i_start = 1 i_end = 2500000
1: i_start = 2500001 i_end = 5000000
2: i_start = 5000001 i_end = 7500000
3: i_start = 7500001 i_end = 10000000
  pi is approximately: 3.1415926535896697
    Error is: 0.0000000000001235
```

問題 2-9

以下のコマンドを入力する。

```
$ cd 2-9MatMat
$ make
$ ./mat-mat
```

以下のような実行結果が表示される。

```
0: i_start=0 i_end=250
1: i_start=250 i_end=500
2: i_start=500 i_end=750
3: i_start=750 i_end=1000
N  = 1000
 OK!
```

第3章

第3章の解答コード（C言語）を利用するには、以下のように入力します。

```
$ tar xvf Chap3.tar
$ cd Chap3
$ cd C
```

問題 3-1

以下のコマンドを入力する。

```
$ cd 3-1Block1D
$ make
$ ./block1d
```

以下のような実行結果が表示される。

```
A :
   0.0    1.0    2.0    3.0    4.0    5.0    6.0    7.0    8.0    9.0
  10.0   11.0   12.0   13.0   14.0   15.0   16.0   17.0   18.0   19.0
  20.0   21.0   22.0   23.0   24.0   25.0   26.0   27.0   28.0   29.0
  30.0   31.0   32.0   33.0   34.0   35.0   36.0   37.0   38.0   39.0
  40.0   41.0   42.0   43.0   44.0   45.0   46.0   47.0   48.0   49.0
  50.0   51.0   52.0   53.0   54.0   55.0   56.0   57.0   58.0   59.0
  60.0   61.0   62.0   63.0   64.0   65.0   66.0   67.0   68.0   69.0
  70.0   71.0   72.0   73.0   74.0   75.0   76.0   77.0   78.0   79.0
  80.0   81.0   82.0   83.0   84.0   85.0   86.0   87.0   88.0   89.0
  90.0   91.0   92.0   93.0   94.0   95.0   96.0   97.0   98.0   99.0

i_pe : 0
   0.0    1.0    2.0    3.0    4.0    5.0    6.0    7.0    8.0    9.0
  10.0   11.0   12.0   13.0   14.0   15.0   16.0   17.0   18.0   19.0
   0.0    0.0    0.0    0.0    0.0    0.0    0.0    0.0    0.0    0.0
   0.0    0.0    0.0    0.0    0.0    0.0    0.0    0.0    0.0    0.0
```

```
i_pe : 1
 20.0  21.0  22.0  23.0  24.0  25.0  26.0  27.0  28.0  29.0
 30.0  31.0  32.0  33.0  34.0  35.0  36.0  37.0  38.0  39.0
  0.0   0.0   0.0   0.0   0.0   0.0   0.0   0.0   0.0   0.0
  0.0   0.0   0.0   0.0   0.0   0.0   0.0   0.0   0.0   0.0
i_pe : 2
 40.0  41.0  42.0  43.0  44.0  45.0  46.0  47.0  48.0  49.0
 50.0  51.0  52.0  53.0  54.0  55.0  56.0  57.0  58.0  59.0
  0.0   0.0   0.0   0.0   0.0   0.0   0.0   0.0   0.0   0.0
  0.0   0.0   0.0   0.0   0.0   0.0   0.0   0.0   0.0   0.0
i_pe : 3
 60.0  61.0  62.0  63.0  64.0  65.0  66.0  67.0  68.0  69.0
 70.0  71.0  72.0  73.0  74.0  75.0  76.0  77.0  78.0  79.0
 80.0  81.0  82.0  83.0  84.0  85.0  86.0  87.0  88.0  89.0
 90.0  91.0  92.0  93.0  94.0  95.0  96.0  97.0  98.0  99.0
```

問題 3-2

以下のコマンドを入力する。

```
$ cd 3-2Block2D
$ make
$ ./block2d
```

以下のような実行結果が表示される。

```
A :
  0.0   1.0   2.0   3.0   4.0   5.0   6.0   7.0   8.0   9.0
 10.0  11.0  12.0  13.0  14.0  15.0  16.0  17.0  18.0  19.0
 20.0  21.0  22.0  23.0  24.0  25.0  26.0  27.0  28.0  29.0
 30.0  31.0  32.0  33.0  34.0  35.0  36.0  37.0  38.0  39.0
 40.0  41.0  42.0  43.0  44.0  45.0  46.0  47.0  48.0  49.0
 50.0  51.0  52.0  53.0  54.0  55.0  56.0  57.0  58.0  59.0
 60.0  61.0  62.0  63.0  64.0  65.0  66.0  67.0  68.0  69.0
```

```
70.0  71.0  72.0  73.0  74.0  75.0  76.0  77.0  78.0  79.0
80.0  81.0  82.0  83.0  84.0  85.0  86.0  87.0  88.0  89.0
90.0  91.0  92.0  93.0  94.0  95.0  96.0  97.0  98.0  99.0


i_pe : 0 / (i_pex,i_pey) : (0, 0)
 0.0   1.0   2.0   0.0
10.0  11.0  12.0   0.0
20.0  21.0  22.0   0.0
30.0  31.0  32.0   0.0
40.0  41.0  42.0   0.0
i_pe : 1 / (i_pex,i_pey) : (1, 0)
50.0  51.0  52.0   0.0
60.0  61.0  62.0   0.0
70.0  71.0  72.0   0.0
80.0  81.0  82.0   0.0
90.0  91.0  92.0   0.0
i_pe : 2 / (i_pex,i_pey) : (0, 1)
 3.0   4.0   5.0   0.0
13.0  14.0  15.0   0.0
23.0  24.0  25.0   0.0
33.0  34.0  35.0   0.0
43.0  44.0  45.0   0.0
i_pe : 3 / (i_pex,i_pey) : (1, 1)
53.0  54.0  55.0   0.0
63.0  64.0  65.0   0.0
73.0  74.0  75.0   0.0
83.0  84.0  85.0   0.0
93.0  94.0  95.0   0.0
i_pe : 4 / (i_pex,i_pey) : (0, 2)
 6.0   7.0   8.0   9.0
16.0  17.0  18.0  19.0
```

```
  26.0  27.0  28.0  29.0
  36.0  37.0  38.0  39.0
  46.0  47.0  48.0  49.0
i_pe : 5 / (i_pex,i_pey) : (1, 2)
  56.0  57.0  58.0  59.0
  66.0  67.0  68.0  69.0
  76.0  77.0  78.0  79.0
  86.0  87.0  88.0  89.0
  96.0  97.0  98.0  99.0
```

問題 3-3

以下のコマンドを入力する。

```
$ cd 3-3Cyclic1D
$ make
$ ./cyclic1d
```

以下のような実行結果が表示される。

```
A :
   0.0   1.0   2.0   3.0   4.0   5.0   6.0   7.0   8.0   9.0
  10.0  11.0  12.0  13.0  14.0  15.0  16.0  17.0  18.0  19.0
  20.0  21.0  22.0  23.0  24.0  25.0  26.0  27.0  28.0  29.0
  30.0  31.0  32.0  33.0  34.0  35.0  36.0  37.0  38.0  39.0
  40.0  41.0  42.0  43.0  44.0  45.0  46.0  47.0  48.0  49.0
  50.0  51.0  52.0  53.0  54.0  55.0  56.0  57.0  58.0  59.0
  60.0  61.0  62.0  63.0  64.0  65.0  66.0  67.0  68.0  69.0
  70.0  71.0  72.0  73.0  74.0  75.0  76.0  77.0  78.0  79.0
  80.0  81.0  82.0  83.0  84.0  85.0  86.0  87.0  88.0  89.0
  90.0  91.0  92.0  93.0  94.0  95.0  96.0  97.0  98.0  99.0

i_pe : 0
   0.0   1.0   2.0   3.0   4.0   5.0   6.0   7.0   8.0   9.0
```

```
40.0  41.0  42.0  43.0  44.0  45.0  46.0  47.0  48.0  49.0
80.0  81.0  82.0  83.0  84.0  85.0  86.0  87.0  88.0  89.0
i_pe : 1
10.0  11.0  12.0  13.0  14.0  15.0  16.0  17.0  18.0  19.0
50.0  51.0  52.0  53.0  54.0  55.0  56.0  57.0  58.0  59.0
90.0  91.0  92.0  93.0  94.0  95.0  96.0  97.0  98.0  99.0
i_pe : 2
20.0  21.0  22.0  23.0  24.0  25.0  26.0  27.0  28.0  29.0
60.0  61.0  62.0  63.0  64.0  65.0  66.0  67.0  68.0  69.0
 0.0   0.0   0.0   0.0   0.0   0.0   0.0   0.0   0.0   0.0
i_pe : 3
30.0  31.0  32.0  33.0  34.0  35.0  36.0  37.0  38.0  39.0
70.0  71.0  72.0  73.0  74.0  75.0  76.0  77.0  78.0  79.0
 0.0   0.0   0.0   0.0   0.0   0.0   0.0   0.0   0.0   0.0
```

問題 3-4

以下のコマンドを入力する。

```
$ cd 3-4Cyclic2D
$ make
$ ./cyclic2d
```

以下のような実行結果が表示される。

```
A :
 0.0   1.0   2.0   3.0   4.0   5.0   6.0   7.0   8.0   9.0
10.0  11.0  12.0  13.0  14.0  15.0  16.0  17.0  18.0  19.0
20.0  21.0  22.0  23.0  24.0  25.0  26.0  27.0  28.0  29.0
30.0  31.0  32.0  33.0  34.0  35.0  36.0  37.0  38.0  39.0
40.0  41.0  42.0  43.0  44.0  45.0  46.0  47.0  48.0  49.0
50.0  51.0  52.0  53.0  54.0  55.0  56.0  57.0  58.0  59.0
60.0  61.0  62.0  63.0  64.0  65.0  66.0  67.0  68.0  69.0
70.0  71.0  72.0  73.0  74.0  75.0  76.0  77.0  78.0  79.0
```

```
80.0  81.0  82.0  83.0  84.0  85.0  86.0  87.0  88.0  89.0
90.0  91.0  92.0  93.0  94.0  95.0  96.0  97.0  98.0  99.0


i_pe : 0 / (i_pex,i_pey) : (0, 0)
 0.0   3.0   6.0   9.0
20.0  23.0  26.0  29.0
40.0  43.0  46.0  49.0
60.0  63.0  66.0  69.0
80.0  83.0  86.0  89.0
i_pe : 1 / (i_pex,i_pey) : (1, 0)
10.0  13.0  16.0  19.0
30.0  33.0  36.0  39.0
50.0  53.0  56.0  59.0
70.0  73.0  76.0  79.0
90.0  93.0  96.0  99.0
i_pe : 2 / (i_pex,i_pey) : (0, 1)
 1.0   4.0   7.0   0.0
21.0  24.0  27.0   0.0
41.0  44.0  47.0   0.0
61.0  64.0  67.0   0.0
81.0  84.0  87.0   0.0
i_pe : 3 / (i_pex,i_pey) : (1, 1)
11.0  14.0  17.0   0.0
31.0  34.0  37.0   0.0
51.0  54.0  57.0   0.0
71.0  74.0  77.0   0.0
91.0  94.0  97.0   0.0
i_pe : 4 / (i_pex,i_pey) : (0, 2)
 2.0   5.0   8.0   0.0
22.0  25.0  28.0   0.0
42.0  45.0  48.0   0.0
```

```
 62.0  65.0  68.0   0.0
 82.0  85.0  88.0   0.0
i_pe : 5 / (i_pex,i_pey) : (1, 2)
 12.0  15.0  18.0   0.0
 32.0  35.0  38.0   0.0
 52.0  55.0  58.0   0.0
 72.0  75.0  78.0   0.0
 92.0  95.0  98.0   0.0
```

問題 3-5

以下のコマンドを入力する。

```
$ cd 3-5BlockCyclic1D
$ make
$ ./blockcyclic1d
```

以下のような実行結果が表示される。

```
A :
  0.0   1.0   2.0   3.0   4.0   5.0   6.0   7.0   8.0   9.0
 10.0  11.0  12.0  13.0  14.0  15.0  16.0  17.0  18.0  19.0
 20.0  21.0  22.0  23.0  24.0  25.0  26.0  27.0  28.0  29.0
 30.0  31.0  32.0  33.0  34.0  35.0  36.0  37.0  38.0  39.0
 40.0  41.0  42.0  43.0  44.0  45.0  46.0  47.0  48.0  49.0
 50.0  51.0  52.0  53.0  54.0  55.0  56.0  57.0  58.0  59.0
 60.0  61.0  62.0  63.0  64.0  65.0  66.0  67.0  68.0  69.0
 70.0  71.0  72.0  73.0  74.0  75.0  76.0  77.0  78.0  79.0
 80.0  81.0  82.0  83.0  84.0  85.0  86.0  87.0  88.0  89.0
 90.0  91.0  92.0  93.0  94.0  95.0  96.0  97.0  98.0  99.0

i_pe : 0
  0.0   1.0   2.0   3.0   4.0   5.0   6.0   7.0   8.0   9.0
 10.0  11.0  12.0  13.0  14.0  15.0  16.0  17.0  18.0  19.0
```

```
 80.0  81.0  82.0  83.0  84.0  85.0  86.0  87.0  88.0  89.0
 90.0  91.0  92.0  93.0  94.0  95.0  96.0  97.0  98.0  99.0
i_pe : 1
 20.0  21.0  22.0  23.0  24.0  25.0  26.0  27.0  28.0  29.0
 30.0  31.0  32.0  33.0  34.0  35.0  36.0  37.0  38.0  39.0
  0.0   0.0   0.0   0.0   0.0   0.0   0.0   0.0   0.0   0.0
  0.0   0.0   0.0   0.0   0.0   0.0   0.0   0.0   0.0   0.0
i_pe : 2
 40.0  41.0  42.0  43.0  44.0  45.0  46.0  47.0  48.0  49.0
 50.0  51.0  52.0  53.0  54.0  55.0  56.0  57.0  58.0  59.0
  0.0   0.0   0.0   0.0   0.0   0.0   0.0   0.0   0.0   0.0
  0.0   0.0   0.0   0.0   0.0   0.0   0.0   0.0   0.0   0.0
i_pe : 3
 60.0  61.0  62.0  63.0  64.0  65.0  66.0  67.0  68.0  69.0
 70.0  71.0  72.0  73.0  74.0  75.0  76.0  77.0  78.0  79.0
  0.0   0.0   0.0   0.0   0.0   0.0   0.0   0.0   0.0   0.0
  0.0   0.0   0.0   0.0   0.0   0.0   0.0   0.0   0.0   0.0
```

問題 3-6

以下のコマンドを入力する。

```
$ cd 3-6BlockCyclic2D
$ make
$ ./blockcyclic2d
```

以下のような実行結果が表示される。

```
A :
  0.0   1.0   2.0   3.0   4.0   5.0   6.0   7.0   8.0   9.0
 10.0  11.0  12.0  13.0  14.0  15.0  16.0  17.0  18.0  19.0
 20.0  21.0  22.0  23.0  24.0  25.0  26.0  27.0  28.0  29.0
 30.0  31.0  32.0  33.0  34.0  35.0  36.0  37.0  38.0  39.0
 40.0  41.0  42.0  43.0  44.0  45.0  46.0  47.0  48.0  49.0
```

```
50.0  51.0  52.0  53.0  54.0  55.0  56.0  57.0  58.0  59.0
60.0  61.0  62.0  63.0  64.0  65.0  66.0  67.0  68.0  69.0
70.0  71.0  72.0  73.0  74.0  75.0  76.0  77.0  78.0  79.0
80.0  81.0  82.0  83.0  84.0  85.0  86.0  87.0  88.0  89.0
90.0  91.0  92.0  93.0  94.0  95.0  96.0  97.0  98.0  99.0


i_pe : 0 / (i_pex,i_pey) : (0, 0)
  0.0   1.0   6.0   7.0
 10.0  11.0  16.0  17.0
 40.0  41.0  46.0  47.0
 50.0  51.0  56.0  57.0
 80.0  81.0  86.0  87.0
 90.0  91.0  96.0  97.0
i_pe : 1 / (i_pex,i_pey) : (1, 0)
 20.0  21.0  26.0  27.0
 30.0  31.0  36.0  37.0
 60.0  61.0  66.0  67.0
 70.0  71.0  76.0  77.0
  0.0   0.0   0.0   0.0
  0.0   0.0   0.0   0.0
i_pe : 2 / (i_pex,i_pey) : (0, 1)
  2.0   3.0   8.0   9.0
 12.0  13.0  18.0  19.0
 42.0  43.0  48.0  49.0
 52.0  53.0  58.0  59.0
 82.0  83.0  88.0  89.0
 92.0  93.0  98.0  99.0
i_pe : 3 / (i_pex,i_pey) : (1, 1)
 22.0  23.0  28.0  29.0
 32.0  33.0  38.0  39.0
 62.0  63.0  68.0  69.0
```

```
 72.0  73.0  78.0  79.0
  0.0   0.0   0.0   0.0
  0.0   0.0   0.0   0.0
i_pe : 4 / (i_pex,i_pey) : (0, 2)
  4.0   5.0   0.0   0.0
 14.0  15.0   0.0   0.0
 44.0  45.0   0.0   0.0
 54.0  55.0   0.0   0.0
 84.0  85.0   0.0   0.0
 94.0  95.0   0.0   0.0
i_pe : 5 / (i_pex,i_pey) : (1, 2)
 24.0  25.0   0.0   0.0
 34.0  35.0   0.0   0.0
 64.0  65.0   0.0   0.0
 74.0  75.0   0.0   0.0
  0.0   0.0   0.0   0.0
  0.0   0.0   0.0   0.0
```

問題 3-7

以下のコマンドを入力する。

```
$ cd 3-7arbit1D
$ make
$ ./arbit1d
```

以下のような実行結果が表示される。

```
A :
  0.0   1.0   2.0   3.0   4.0   5.0   6.0   7.0   8.0   9.0
 10.0  11.0  12.0  13.0  14.0  15.0  16.0  17.0  18.0  19.0
 20.0  21.0  22.0  23.0  24.0  25.0  26.0  27.0  28.0  29.0
 30.0  31.0  32.0  33.0  34.0  35.0  36.0  37.0  38.0  39.0
 40.0  41.0  42.0  43.0  44.0  45.0  46.0  47.0  48.0  49.0
```

```
50.0  51.0  52.0  53.0  54.0  55.0  56.0  57.0  58.0  59.0
60.0  61.0  62.0  63.0  64.0  65.0  66.0  67.0  68.0  69.0
70.0  71.0  72.0  73.0  74.0  75.0  76.0  77.0  78.0  79.0
80.0  81.0  82.0  83.0  84.0  85.0  86.0  87.0  88.0  89.0
90.0  91.0  92.0  93.0  94.0  95.0  96.0  97.0  98.0  99.0


ind_pe :
2 0 3 3 1 3 2 1 3 0
ind_local :
0 0 0 3 1 2 1 0 1 1


i_pe : 0
 10.0  11.0  12.0  13.0  14.0  15.0  16.0  17.0  18.0  19.0
 90.0  91.0  92.0  93.0  94.0  95.0  96.0  97.0  98.0  99.0
  0.0   0.0   0.0   0.0   0.0   0.0   0.0   0.0   0.0   0.0
  0.0   0.0   0.0   0.0   0.0   0.0   0.0   0.0   0.0   0.0
i_pe : 1
 70.0  71.0  72.0  73.0  74.0  75.0  76.0  77.0  78.0  79.0
 40.0  41.0  42.0  43.0  44.0  45.0  46.0  47.0  48.0  49.0
  0.0   0.0   0.0   0.0   0.0   0.0   0.0   0.0   0.0   0.0
  0.0   0.0   0.0   0.0   0.0   0.0   0.0   0.0   0.0   0.0
i_pe : 2
  0.0   1.0   2.0   3.0   4.0   5.0   6.0   7.0   8.0   9.0
 60.0  61.0  62.0  63.0  64.0  65.0  66.0  67.0  68.0  69.0
  0.0   0.0   0.0   0.0   0.0   0.0   0.0   0.0   0.0   0.0
  0.0   0.0   0.0   0.0   0.0   0.0   0.0   0.0   0.0   0.0
i_pe : 3
 20.0  21.0  22.0  23.0  24.0  25.0  26.0  27.0  28.0  29.0
 80.0  81.0  82.0  83.0  84.0  85.0  86.0  87.0  88.0  89.0
 50.0  51.0  52.0  53.0  54.0  55.0  56.0  57.0  58.0  59.0
 30.0  31.0  32.0  33.0  34.0  35.0  36.0  37.0  38.0  39.0
```

問題 3-8

以下のコマンドを入力する。

```
$ cd 3-8arbit2D
$ make
$ ./arbit2d
```

以下のような実行結果が表示される。

```
A :
  0.0   1.0   2.0   3.0   4.0   5.0   6.0   7.0   8.0   9.0
 10.0  11.0  12.0  13.0  14.0  15.0  16.0  17.0  18.0  19.0
 20.0  21.0  22.0  23.0  24.0  25.0  26.0  27.0  28.0  29.0
 30.0  31.0  32.0  33.0  34.0  35.0  36.0  37.0  38.0  39.0
 40.0  41.0  42.0  43.0  44.0  45.0  46.0  47.0  48.0  49.0
 50.0  51.0  52.0  53.0  54.0  55.0  56.0  57.0  58.0  59.0
 60.0  61.0  62.0  63.0  64.0  65.0  66.0  67.0  68.0  69.0
 70.0  71.0  72.0  73.0  74.0  75.0  76.0  77.0  78.0  79.0
 80.0  81.0  82.0  83.0  84.0  85.0  86.0  87.0  88.0  89.0
 90.0  91.0  92.0  93.0  94.0  95.0  96.0  97.0  98.0  99.0


indx_pe :
0 0 1 1 0 1 1 0 1 0
indx_local :
4 0 1 4 3 3 0 2 2 1

indy_pe :
2 0 1 0 2 1 2 0 2 1
indy_local :
0 0 1 2 2 2 1 1 3 0


i_pe : 0 / (i_pex,i_pey) : (0, 0)
```

```
11.0  17.0  13.0    0.0
91.0  97.0  93.0    0.0
71.0  77.0  73.0    0.0
41.0  47.0  43.0    0.0
 1.0   7.0   3.0    0.0
i_pe : 1 / (i_pex,i_pey) : (1, 0)
61.0  67.0  63.0    0.0
21.0  27.0  23.0    0.0
81.0  87.0  83.0    0.0
51.0  57.0  53.0    0.0
31.0  37.0  33.0    0.0
i_pe : 2 / (i_pex,i_pey) : (0, 1)
19.0  12.0  15.0    0.0
99.0  92.0  95.0    0.0
79.0  72.0  75.0    0.0
49.0  42.0  45.0    0.0
 9.0   2.0   5.0    0.0
i_pe : 3 / (i_pex,i_pey) : (1, 1)
69.0  62.0  65.0    0.0
29.0  22.0  25.0    0.0
89.0  82.0  85.0    0.0
59.0  52.0  55.0    0.0
39.0  32.0  35.0    0.0
i_pe : 4 / (i_pex,i_pey) : (0, 2)
10.0  16.0  14.0   18.0
90.0  96.0  94.0   98.0
70.0  76.0  74.0   78.0
40.0  46.0  44.0   48.0
 0.0   6.0   4.0    8.0
i_pe : 5 / (i_pex,i_pey) : (1, 2)
60.0  66.0  64.0   68.0
```

```
20.0   26.0   24.0   28.0
80.0   86.0   84.0   88.0
50.0   56.0   54.0   58.0
30.0   36.0   34.0   38.0
```

問題 3-9

以下のコマンドを入力する。

```
$ cd 3-9SpMV
$ make
$ ./spmv
```

以下のような実行結果が表示される。

```
N   = 10000
NNZ  = 80000
NZPR  = 8
MAX_ITER  = 100
Mat-Mat time  = 0.006266 [sec.]
 2553.544638 [MFLOPS]
 OK!
```

問題 3-10

以下のコマンドを入力する。

```
$ cd 3-10Block1Dimp
$ make
$ ./block1d-imp
```

以下のような実行結果が表示される。

```
A :
  0.0   1.0   2.0   3.0   4.0   5.0   6.0   7.0   8.0   9.0
 10.0  11.0  12.0  13.0  14.0  15.0  16.0  17.0  18.0  19.0
 20.0  21.0  22.0  23.0  24.0  25.0  26.0  27.0  28.0  29.0
```

```
30.0   31.0   32.0   33.0   34.0   35.0   36.0   37.0   38.0   39.0
40.0   41.0   42.0   43.0   44.0   45.0   46.0   47.0   48.0   49.0
50.0   51.0   52.0   53.0   54.0   55.0   56.0   57.0   58.0   59.0
60.0   61.0   62.0   63.0   64.0   65.0   66.0   67.0   68.0   69.0
70.0   71.0   72.0   73.0   74.0   75.0   76.0   77.0   78.0   79.0
80.0   81.0   82.0   83.0   84.0   85.0   86.0   87.0   88.0   89.0
90.0   91.0   92.0   93.0   94.0   95.0   96.0   97.0   98.0   99.0


ind_pe :
0 0 0 1 1 1 2 2 3 3
ind_local :
0 1 2 0 1 2 0 1 0 1


i_pe : 0
 0.0    1.0    2.0    3.0    4.0    5.0    6.0    7.0    8.0    9.0
10.0   11.0   12.0   13.0   14.0   15.0   16.0   17.0   18.0   19.0
20.0   21.0   22.0   23.0   24.0   25.0   26.0   27.0   28.0   29.0
 0.0    0.0    0.0    0.0    0.0    0.0    0.0    0.0    0.0    0.0
i_pe : 1
30.0   31.0   32.0   33.0   34.0   35.0   36.0   37.0   38.0   39.0
40.0   41.0   42.0   43.0   44.0   45.0   46.0   47.0   48.0   49.0
50.0   51.0   52.0   53.0   54.0   55.0   56.0   57.0   58.0   59.0
 0.0    0.0    0.0    0.0    0.0    0.0    0.0    0.0    0.0    0.0
i_pe : 2
60.0   61.0   62.0   63.0   64.0   65.0   66.0   67.0   68.0   69.0
70.0   71.0   72.0   73.0   74.0   75.0   76.0   77.0   78.0   79.0
 0.0    0.0    0.0    0.0    0.0    0.0    0.0    0.0    0.0    0.0
 0.0    0.0    0.0    0.0    0.0    0.0    0.0    0.0    0.0    0.0
i_pe : 3
80.0   81.0   82.0   83.0   84.0   85.0   86.0   87.0   88.0   89.0
90.0   91.0   92.0   93.0   94.0   95.0   96.0   97.0   98.0   99.0
```

```
0.0    0.0    0.0    0.0    0.0    0.0    0.0    0.0    0.0    0.0
0.0    0.0    0.0    0.0    0.0    0.0    0.0    0.0    0.0    0.0
```

第 4 章

第 4 章の解答コードを利用するには、以下のように入力します。

```
$ tar xvf Chap4.tar
$ cd Chap4
```

問題 4-1〜問題 4-3

第 4 章の問題は、各自調査する問題であり、解答コードは提示しない。しかし、以下のフォルダに、本書で示した**スーパーコンピュータ「不老」**TypeII サブシステムでの **ResNet50** のサンプルプログラムの実行に関する関連ファイルを置く。

```
$ cd Resnet
```

第 5 章

第 5 章の解答コード（C 言語）を利用するには、以下のように入力します。

```
$ tar xvf Chap5.tar
$ cd Chap5
$ cd C
```

問題 5-1

以下のコマンドを入力する。

```
$ cd 5-1MatMatOMP
$ make
$ ./run.sh
```

以下のような実行結果が表示される。

```
N   = 2000
Mat-Mat time  = 5.874010 [sec.]
 OK!
```

なお、シェルスクリプト run.sh 中の、

```
export OMP_NUM_THREADS=4
```

の OpenMP でのスレッド数を変更することで、実行時間の変化（**OpenMP のスレッド数の増減による実行間の高速化**）を調査することができる。具体的には、1 から 10 程度（この値は、実行環境のコア数などのハードウェア情報を確認すること）まで変化させ、実行時間がどうなるか調べよ。

問題 5-2

以下のコマンドを入力する。

```
$ cd 5-2MatMatLimMem
$ make
$ ./mat-mat-lm
```

以下のような実行結果が表示される。

```
0: i_start=0 i_end=250
1: i_start=0 i_end=250
2: i_start=0 i_end=250
3: i_start=0 i_end=250
N  = 1000
 OK!
```

問題 5-3

以下のコマンドを入力する。

```
$ cd 5-3MatMatComm
$ make
$ ./mat-mat-comm
```

以下のような実行結果が表示される。

```
istep = 0
i_pe:0 i_gap: 0
```

```
i_pe:1 i_gap: 250
i_pe:2 i_gap: 500
i_pe:3 i_gap: 750
istep = 1
i_pe:0 i_gap: 250
i_pe:1 i_gap: 500
i_pe:2 i_gap: 750
i_pe:3 i_gap: 0
istep = 2
i_pe:0 i_gap: 500
i_pe:1 i_gap: 750
i_pe:2 i_gap: 0
i_pe:3 i_gap: 250
istep = 3
i_pe:0 i_gap: 750
i_pe:1 i_gap: 0
i_pe:2 i_gap: 250
i_pe:3 i_gap: 500
N  = 1000
 OK!
```

問題 5-4

以下のコマンドを入力する。

```
$ cd 5-4SpMVhbd
$ make
$ ./spmv-hbd
```

以下のような実行結果が表示される。

```
N   = 100000
NNZ  = 800000
NZPR  = 8
```

```
MAX_ITER  = 100
Mat-Mat time  = 0.067575 [sec.]
 2367.746556 [MFLOPS]
 OK!
```

索 引

著者紹介

片桐孝洋（かたぎり・たかひろ）
名古屋大学情報基盤センター教授.
1994 年豊田工業高等専門学校情報工学科卒業. 1996 年京都大学工学部情報工学科卒業. 2001 年東京大学大学院理学系研究科情報科学専攻博士課程修了. 博士（理学）. 2001 年 4 月日本学術振興会特別研究員 PD, 12 月科学技術振興機構研究者, 2002 年 6 月電気通信大学大学院情報システム学研究科助手, 2005 年 3 月から 2006 年 1 月米国カリフォルニア大学バークレー校コンピュータサイエンス学科訪問学者を経て, 2007 年 4 月から東京大学情報基盤センター特任准教授. 2011 年 12 月, 同准教授を経て, 2016 年 4 月より現職. 超並列数値計算アルゴリズム, およびソフトウエア自動チューニングの研究に従事. 2002 年情報処理学会山下記念研究賞受賞. 2011 年文部科学大臣表彰若手科学者賞受賞. 情報処理学会, 日本応用数理学会, 計算工学会, ACM, IEEE-CS, SIAM, 各会員.
主要著書：『スパコンプログラミング入門』（東京大学出版会, 2013 年）,『スパコンを知る』（共著, 東京大学出版会, 2015 年）,『並列プログラミング入門』（東京大学出版会, 2015 年）

並列プログラミングのツボ　数値計算から機械学習まで

2024 年 4 月 12 日　初　版

[検印廃止]

著　者　片桐孝洋
　　　　かたぎりたかひろ
発行所　一般財団法人　東京大学出版会
　　　　代表者　吉見俊哉
　　　　〒 153-0041 東京都目黒区駒場 4-5-29
　　　　電話 03-6407-1069　　Fax 03-6407-1991
　　　　振替 00160-6-59964
印刷所　三美印刷株式会社
製本所　牧製本印刷株式会社

スパコンプログラミング入門 　並列処理と MPI の学習	片桐孝洋	A5 判/3,200 円
並列プログラミング入門 　サンプルプログラムで学ぶ 　OpenMP と OpenACC	片桐孝洋	A5 判/3,400 円
スパコンを知る 　その基礎から最新の動向まで	岩下武史・片桐孝洋・ 髙橋大介	A5 判/2,900 円
Python によるプログラミング入門 　東京大学教養学部テキスト 　アルゴリズムと情報科学の基礎を学ぶ	森畑明昌	A5 判/2,200 円
14 歳からのプログラミング	千葉　滋	A5 判/2,200 円
考え方から学ぶプログラミング講義 　Python ではじめる	森畑明昌	A5 判/2,200 円
情報科学入門　Ruby を使って学ぶ	増原英彦 他	A5 判/2,500 円
MATLAB／Scilab で理解する数値計算	櫻井鉄也	A5 判/2,900 円
情報　第 2 版　東京大学教養学部テキスト	山口和紀 編	A5 判/1,900 円
コンピューティング科学　新版	川合　慧	A5 判/2,700 円

ここに表示された価格は本体価格です．御購入の
際には消費税が加算されますので御了承下さい．